魔女っ子司書と図書館のたね

八巻千穂 著
斉藤由理香 絵
ほか

はじめに ～刊行によせて～

昨年7月某日、千穂ちゃんと由理香ちゃんが我が家を訪れた。約束していたローストビーフが、諸々の事情で豚タンの麹漬けに変更された。塩麹は母から伝授した我が家の特製、鶏肉などでもいい味わいになるので試みたのだが……でも、おいしさの保証はできない。口にするまで半信半疑だった。「おいし～ぃ！」という皆の合唱で、作り手はほっと胸をなでおろす。すかさず千穂ちゃん「ブータンですね」……「イエーイ！」である。

この絶妙な言語感覚、豚タンが一層おいしくなり、新メニューの命名までできてしまった。この本の著者、八巻千穂さんは、このように我らの歴史に残るような名言（迷言）？の持ち主である。何ら生産性のない御託ばかり並べる輩を称して、「あのふたり、いちゃもんズですから」と言い放つ。言葉のギャグで周囲を笑わせてくれる。

一方の斉藤由理香さんは、一人っ子のせいかおっとりしたタイプ、『魔女っ子たちの図書館学校』で書いたブックレビュー『えーえんとくちから 笹井宏之作品集』、編集で初見したときの清冽な印象は、人柄そのものとも言える。今回のブックレビューでも、自分の中の原風景と対話している文章が多々見られる。彼女がブックレビューに選んだ本は、『宇宙には、だれかいますか?』や『ジョゼフ・コーネル箱の中のユートピア』など、かなり特異なものである。シンとした無人の空間で一人対話をしている。それは生育環境が作った孤独のようなもの、宇宙の片隅にあって、息をひそめているような、しかし、そこに静かな存在感を感じる。しいて言えば、その視点は片隅へのまなざしとでも言おうか。

片隅へのまなざしから、糸を手繰り寄せるように八巻千穂さんの卒論に行きついた。もう20年ほど前、資料収集の相談にカウンターに来た彼女、そのテーマは「レズビアン・フェミニズム」、衝撃だった。「なぜ」と司書としては聞いてはいけない質問をした。「レズビアンは、女性という差別に加え、二重の差別があるじゃないですか。」そこで私は、初めて彼女と向き合ったのかもしれない。今なら頷けるテーマであるが、二昔も前のこと、すでに時代を先取りしていたのだ。当然、彼女も差別や偏見への鋭いまなざしを持つ。

この二人の周辺へのまなざし、これは司書としての特筆すべき資質ではないか。利用者に対することはもちろん、資料の選書眼にも、バックヤードにあって大きな力となっていると確信する。彼女らの性格は、知り合った頃から、驚くほどバランスがとれている。逸脱ばかりしている私の性格を、はるかに凌駕しているのだ。さらに八巻さんにはモダン・バレエという身体表現の特技、斉藤さんには絵と写真の特技（この本のカバー絵を担当）を持ち合わせている。

その二人の「魔女っ子」第二弾である。性格が違うからもちろん文章も違う。闊達さと静謐さ、それぞれの得意分野での分担作業となったようであるが、そのコラボレーションを楽しんでいただきたい。そして、本を書き上げるという力をためてきたことに、嬉しい驚きでいっぱいである。

二〇一八年一月

大島　真理

パートII　図書館でビタミンチャージ
――ブックレビュー編

パートⅢ　図書館へ行こう！
――インタビュー編

パートⅠ❖図書館へようこそ

～図書館日記編～

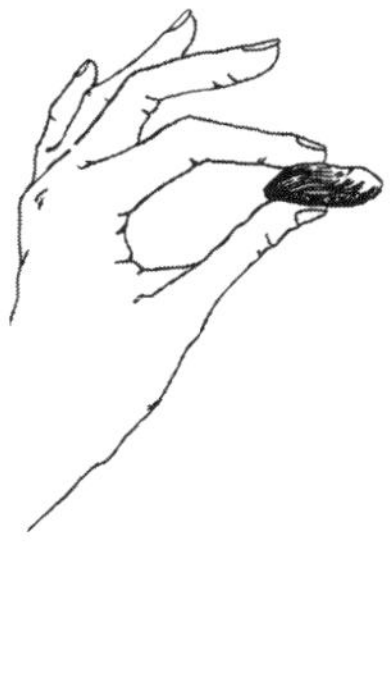

「図書館学の五法則」で見る図書館の仕事

【図書館学の五法則（*The Five Laws of Library Science*）】

▽第一法則　*Books are for use.*（本は利用するためのものである。）
▽第二法則　*Every person his or her book.*（いずれの人にもすべて、その人の本を。）
▽第三法則　*Every books its reader.*（いずれの本にもすべて、その読者を。）
▽第四法則　*Save the time of the reader.*（読者の時間を節約せよ。）
▽第五法則　*A Library is a growing organism.*（図書館は成長する有機体である。）

これは、国際的な図書館学者であるランガナタン博士（Shiyali Ramamrita Ranganathan, 1892-1972）がその著作の『図書館学の五法則』（以下、五法則）において、図書館の基本的な原理を記した法則である。インドに生まれた博士は、大学で数学を専攻し教員免許取得後教員として数学の教育に携わった。その後、マドラス大学の図書館長に選任され、そこでの実務と知識習得の経験が博士を図書館学の世界へと導くこととなった。数学を研究していた博士は、図書館のあるべき姿について科学的観点を併せ考察を重ね、その結果を五つの法則へとまとめ上げた。

この五法則において共通するのが、「図書館の基礎に教育があり、その教育に役立つのは図書館だ」という博士の教育観である。そこでは人はすべて平等に教育を受ける権利と情報や知識を得る自由があり、図書館の存在は教育活動を支える基盤となる存在でなければならないという信念が貫かれている。第一法則から第四法則では、利用者の立場に立ったサービスの提供の重要性を述べると同時に、それらサービスを全うするために不可欠な図書館員の専門性への言及とも言える。第五法則においては、図書館はすべての生命と同様に進化していかなければならない存在であると読み解くことが出来る。
ランガナタン博士が五法則を著してから80余年。当時と比べると図書館を取り巻く環境は随分と様変わりした。しかし、私たちが日々の仕事において図書館の持つ役割を考える時、基本となるのは五法則が示す図書館のあるべき姿である。なぜなら、簡潔に表現された言葉の一つひとつに託された意味は、未来を見据えているかのように深遠であり、今なお進化し続ける図書館の可能性を内に秘めているからである。

参考資料
『図書館学の五法則』S・R・ランガナタン著 森耕一監訳 渡辺信一［ほか］共訳 日本図書館協会 1981
『図書館の歩む道 ランガナタン博士の五法則に学ぶ』 ランガナタン［著］竹内悊解説 日本図書館協会 2010

図書館は究極のサービス業？

図書館は本が増える。毎年増える。２０１６年に出版された新刊の点数は約７万５０００冊。もちろんそれらすべてを購入するわけではないが、一定数必ず増える。だが、ある図書館関係者が驚きの一言を発したことがある。「なんで本が増えるんだ？」と。おおっと、びっくり。大学図書館界では、毎年増え続ける資料のため図書館の狭隘化が叫ばれて久しいが、彼自身「狭隘的」だったのかもしれない。

それはさて置き、文部科学省調査平成28年度学術基盤実態調査（以下、実態調査）[i]によると国公私立大学合わせての図書館の資料費の総額は７４６億円。

現在大学は８００校弱存在し、大学の規模も様々で資料費や受入冊数もいわばピンからキリまで。実態調査によれば、本学が該当する私立大学の規模Ｂ（５〜７学部）による年間の図書館資料費の平均が約５０００万円、図書雑誌（和・洋）の受入冊数の平均が約1万冊であり、資料は図書館の大動脈であり、これが途切れると図書館の命も尽きると言っていい。大学の数だけ図書館があり、図書館は資料や情報によって大学の教育・学習、そして研究を日々支えている。

それに伴い資料の選定は図書館の根幹を成す重要な仕事の一つ。大学図書館の蔵書は、大学の理念や思想、学部学科の構成、教員の研究分野が広く反映され構成される。教育・学習的側面と研究的側面の両面にフォーカスし、蔵書の構成バランス、冊子・電子資料の出版の状況などに配慮しながら資料を選ぶ。それには、図書館員の情報収集能力や時にはセンスが問われることがある。例えば、教育・研究内容に直結する分野の資料を収集するのは当然だが、少し外れた分野と思われる資料でも関連性を想定し収集するプラスアルファの感覚が必要となる。そのため、出版情報関係の新聞や冊子の書評に日常的に目を通したり、一方で学生に人気の作家を探るため書店の平積みや面出し本をチェックしたりと、デスクワークとフットワークを駆使していく。

ここで電子資料といわゆる紙の本（冊子体）のお話を少々。昨今の大学図書館は実態調査を見ても明らかで、電子資料である電子ジャーナル、電子ブックの導入が進んでいる。しかし、電子ブックに関しては、国内出版の学術資料はまだまだ紙の資料が主流だ。２０１６年の紙と電子書籍の出版市場の占有率は、44％対1・6％と断然紙が優勢で、出版社も限定的で、特に専門書出版社は電子化に踏み切っていないケースが多い。また、学術資料は紙と電子の出版にはタイムラグがあり、紙の出版の方が早いという傾向にある。その他、電子ブックの国内所蔵数をみると、洋書が和書の33倍程度上回っており、電子ブックは洋書中心ということがわかる。このような理由で理工学系と一部の大学を除く多くの大学図書館では、冊子体の資料、つまり質的重量のある紙の本が現在も収集する資料の中心である。

資料は利用されることを前提として収集されるが、そのすべてが実際利用されるかはまた別の話。ある大学では「一度も借りられたことのない本」だけを集めた展示を行い、面白いアイディアとして他大学にも波及し人気の企画と

なった。「資料の運命や如何に！」と言ったところだが、利用されなければ資料の価値がないということではない。本学の蔵書冊数は約40万冊だが、それらはいっぺんに揃えられたのではなく、年月をかけ教育・研究に即した必要な資料を、その時々に着実に収集してきた結果である。今資料が使われなくても、10年後いや100年後にその資料を必要とする利用者が存在するかもしれない。未来を見据えての蔵書、これが図書館は究極のサービス業ともいわれる所以である。

「蔵書」は図書館を映す鏡であり、次々と収集される資料が新たな蔵書群を形成し、これまでの層を支えながら粛々と成長するのである。そして、森羅万象の神秘に近づくための小宇宙と成るべく、未来へ繋がる〝知の希望〟となり、図書館、また大学の骨組みを支える。このように蔵書の質と層が整ってこそ図書館は正常に運営できる。

と、ここまで、資料は図書館の命だ、という話をしてきたが、近年資料費は減らされる傾向にあり、「図書館は大学の心臓」という理想論からはほど遠いのが現状だ。ある大学では、図書館の建物に「陶芸室」を隣接させたそうだ。

「うそでしょ？ 火を使うでしょ、火を！」、冗談のような本当の話。心臓を燃やすのですか？ これこそまさに、「資料の運命や如何に！」。

—Books are for use.—

(Chiho. Y)

参考資料

『出版指標年報　２０１７年版』全国出版協会・出版科学研究所　2017

i 文部科学省が、国公私立大学図書館の現状を明らかにし、その改善の基礎資料とするため、昭和41年度から毎年5月1日現在で「大学図書館実態調査」を実施してきた。平成17年度からは、近年の大学における学術情報基盤をめぐる状況の変化を踏まえ、従来の大学図書館実態調査に、大学におけるコンピュータ及びネットワーク等の実状に関する調査を加え、「学術情報基盤実態調査」として実施している。

知りたい気持ち、お手伝いします
―いずれの人にもすべて、その人の情報を―

【本の貸出だけではない場所】

知らないことを調べたい。そう思った時、あなたならどうするだろうか？「インターネットで調べる」と答えた人には図書館にわざわざ足を運ぶなんて面倒とばかりに怪訝な顔をされてしまうかもしれないが、それを覚悟で一言。「あなたの知りたい気持ち、図書館がお手伝いします！」図書館はそういう場所でもあるのだ。

【知りたい気持ちに忠実に】

利用者の「知りたい気持ち」に応えるレファレンスサービスでは、例えばこんなお手伝いが出来る。

〈Q．ガルシア・マルケスが書いた『百年の孤独』の日本語訳出版が知りたい〉

この場合、ポイントは「日本語訳」。日本で出版された本を調べるのに有用なのは「ＮＤＬ－ＯＰＡＣ（国立国会図書館 蔵書検索・申込システム）」だ。なぜなら国立国会図書館では納本制度[i]により国内で発行されたすべての出版物を納入することが義務づけられているので、国内出版物のほぼすべてを調べることが出来る。

〈A．１９７２年、１９９９年（１９７２年の改訳）、２００６年（１９９９年改訳版の再刊）の計３冊が新潮社より出版された〉

〈Q.『百年の孤独』(新潮社) 改訳版 (1999年発行) の表紙絵の作家について知りたい〉

NDL－OPACの検索結果には書影や表紙絵や装丁等の書誌情報以外の情報は記されていないので、現物の確認が必要となる。「CiNii Books」[ii]では他大学の所蔵を確認し現物貸借で取り寄せが出来る。書誌情報だけではわからない情報が多く記載されているので、詳細を調べるにはやはり現物を確認するのが一番である。このように他館同士の相互利用が可能なのも図書館ならではのサービスである。

また、作家の略歴については冊子体の専門辞書・事典類にあたってみる。今回は『西洋人物レファレンス事典　美術篇』を使ったが、百科事典や広辞苑等を使い概要を把握し、そこから得た情報をキーワードとして各専門分野の事典へと情報源を絞り込むことも可能だ。これも体系的且つ網羅的に培ってきた豊富な資料を持つ図書館だからこそ出来ることなのである。

〈A. 表紙絵の作家名「Remedios varo (レメディオス・バロ)」、スペインの画家〉

今回は現物に表紙の情報が書いてあったため、すぐに事典にあたることが出来たが、現物を見ても表紙情報が記載されていないこともある。それは直接出版社へ問い合わせることも可能である。このような手段はレフェラル・サービスと言って、周辺機関を紹介するという手立ても裏ワザの一つである。

【インターネット上の情報の信憑性】

しかし、いくら図書館が情報探索のお手伝いをするといっても、スマートフォンやパソコンの一般的な普及により、Google や Yahoo! 等の大手検索エンジンを使い手軽に且つ豊富な種類の情報へのアクセスが可能となった現在において、インターネット検索に慣れ親しんだ人はこんな疑問を持つかもしれない。

「Wikipedia で調べたら簡単じゃない？」と。先ほど、物事の概要を調べる際に百科事典を使うとお話ししたが、確かに Wikipedia は世界的に有名なフリー百科事典であり、今や物事の概要を掴む手がかりとして参照するのには便利なツールになっている。しかし、こんなこともある。前述した『百年の孤独』

の日本語訳の出版情報を調べていた時のこと。Wikipedia にＮＤＬ－ＯＰＡＣで見つかった書誌情報の3件に加えて別の1件の記載があった（２０１７年９月８日確認時点）。そこには「新装版、１９８７年」との記載があり、その情報について『出版年鑑』の該当年版、『全集・叢書総目録45／90 Ｖ芸術・言語・文学』及び『全集・叢書総目録91／98 Ｖ芸術・言語・文学』をあたってみた。しかし他の作家作品の情報や一覧は載っているものの、いくら探せど該当の作品情報は出てこない。他のいくつかの資料にもあたってみたが結果は同じだった。Wikipedia の情報には典拠がないため、結局実際に刊行したのかの確証を得ることが出来なかった。

Wikipedia では記事内容についてはそのプロジェクトが定めた方針のもと執筆するようにガイドラインをサイト上で明示しているが、実際には匿名で誰もが編集可能であるが故に、中にはこのような信憑性に欠ける内容も含まれているのだ。

【「知りたい気持ち」のその先まで】

現代社会において私たちは手軽に豊富な種類の情報の入手が可能になった反面、膨大な情報量の中から自身に必要な内容だけを取捨選択する機会も増えた。インターネット上の情報がすべて誤っている訳ではないが、前述したWikipediaの例を見ても、常に上書き可能な状態にある情報において真偽を判断することは難しいと言わざるを得ない。それに対し図書館には長年構築してきた資料がある。それは揺らぐことがない情報の集合体なのだ。

だからもしも、あなたが溢れかえる情報の迷路に迷い込んでしまったら、一度図書館に足を運んでみてほしい。遠慮は禁物。そこではあなたがまだ見たことのない世界への道標を見つけることができるのだから。そして、私たち司書は「知りたい気持ち」のその先へ案内するお手伝いをするべく利用者を待っているのだ。

—*Every reader his or her book.*—

(Yurika. S)

参考資料

『西洋人物レファレンス事典　美術篇』日外アソシエーツ　2012
『出版年鑑　1987年版』／出版年鑑編集部編　出版ニュース社　1988
『全集・叢書総目録45／90　V芸術・言語・文学』　日外アソシエーツ　1992
『全集・叢書総目録91／98　V芸術・言語・文学』　日外アソシエーツ　1999

i 「納本制度」とは、図書等の出版物をその国の責任ある公的機関に納入することを発行者等に義務づける制度のこと。わが国では、国立国会図書館法（昭和23年法律第5号）により、国内で発行されたすべての出版物を、国立国会図書館に納入することが義務づけられている。（http://www.ndl.go.jp/jp/aboutus/deposit/deposit.html　2017年9月8日参照）

ii 国立情報学研究所が運用する目録所在情報サービス(NACSIS-CAT)に蓄積されてきた全国の大学図書館等が所蔵する本（図書や雑誌等）の情報を検索できるサービス。

見えない闘い

―「書架移動、汗にほこりに、じんましん」―

サブタイトルとした俳句は、図書館業務の一場面を詠んだもの（第28回伊藤園お～いお茶新俳句大賞に「図書館俳句部」として応募）。しかし、女子に特化した職業に着目した『女子の給料&職業図鑑』（給料ＢＡＮＫ著　宝島社２０１７）では、その平均給料にまで言及しているが、「図書館司書」の解説には聞き捨てならない一節が入っている。「〝体力仕事ではない〟ため、女性でも働きやすい職場」だと。「ちゃんと調べてます？」と声を荒げたくなるこの記述は、図書館で働く女子の心をかなり逆なでし、やる気を削ぐ事実とは異な

る悪しきステレオタイプだ。そうです！　私たちの日常は力仕事が必須なのです。

まず、「書架移動」とは毎週、毎月受け入れる新着の本を配架（図書資料をその分類番号等により、書架上の位置を決めて配置すること。）できるよう書架（本棚）全体のバランスを見ながら本を移動する作業のことで、ある程度の移動は日常的に行うが、年に一回程度大幅な本の移動を強いられる。雑誌も新聞も同様で、「今日は書架移動だ、ルンルン♪」なんて人はまずいない。汗とほこりまみれになりながらの作業である。そして、職業病とも言える「じんましん」は、この書架移動で発症する。これを踏まえてもう一度、「書架移動、汗にほこりに、じんましん」。どうですか、おわかりいただけましたか？

この書架移動と同様に大変なのが蔵書点検。これは図書館に所蔵されている資料が本当に存在するかを実物をもって確認する作業のこと。人間だったら、「ヤマキさーん」、「はい、ここです！」と点呼で済むところだが本は返事をしてくれないので、パソコンとバーコードリーダーで資料番号を読み込んでいく。蔵書点検の前日までには、メンバー表が配られ〝先発、中継ぎ、抑え〟とピッチャーよろしく発表され、みな臨戦態勢となる。蔵書点検中は、休館せざるを得ないため、大学行事による休館日等があてられ、4〜5日間ほどで約10万冊のチェックをする。限られた時間内での蔵書点検はまさに真剣勝負。一冊一冊のバーコード表記である資料番号をパソコンのエクセル表に入れていくのだが、会話は一切聞こえず、ひたすら「ピッ、ピッ」と資料番号を読んでいく音だけが館内にこだまする。電子化される以前は、リストを頼りに一人が書名を読みあげ、一人がリストをチェックするというスタイルだったそうだ。そして、中国思想家の「荀子（ジュンシ）」を「タケノコ」と読んだ人がいたとかいないとか。体力だけではなく、知力？も必要だったとは消耗する作業だ。

書架6段にびっしり詰まっている本、一番下の段に至っては、園芸用の移動椅子が必要なほど腰をかがめ頭に血が上る体勢となり、蔵書点検が終わるころには、腰も腕も体中がガチガチである。「図書館体操第一」は、図書館員の日常の動きを取り入れて考案された体操で、書架移動の動きを大げさにやったらダイエット効果があるのでは？と思ったことがきっかけだったと開発者の庄子隆弘さん談である。この体操には、東日本大震災時に声を出すことがままならなかった図書館員のために声を出す訓練として、「書架から離れてください！」と発語する場面も取り入れられている。もし図書館体操第二を作るとしたら、今度はゴチゴチになった体をほぐす動きを取り入れてくれないだろうか。そして、これまた職業病ともいえる腰痛を和らげ、かつ声を出す練習を取り入れるとしたら「ロキソニンをくださ〜い」でお願いしたい。

このように、あらゆる資料を利用者に届けるために、そして資料と良好な関係を保つために日々闘っている。図書館業務は「体力仕事ではない」は完全に間違っている。悔しい、世間ではきっと私たちはフワフワ仕事をしていると思われているのだ。重い事典・辞書類だって楽々運べるし（ちょっと無理しているけど）、梯子を担いで電球だって替える。この業界は女性が多いため、女性だって男性張りに力仕事をこなしている。間違ってもらっては困るのだ、力仕事も図書館業務の一つであり、利用者に新しい情報を届けるため、また容易に資料にたどり着けるように資料があるべき場所にいつも配置するための大事な作業だということを。

では最後にもう一句。「図書ジョ（図書館女子）はね、実は結構力持ち！」
図書館女子はたくましいのだ。

—Every reader his or her book.—

(Chiho. Y)

参考資料

『女子の給料&職業図鑑』　給料ＢＡＮＫ著　宝島社　2017

カルタで学ぶ「NDC」

カルタとの出会いは、誰もがきっと人生の始めの頃だろう。「犬棒カルタ」は定番で、ことわざは幼少期にカルタで覚えたと記憶する。最近では「星座カルタ」や「日本歴史遺産カルタ」も存在するらしい。その遊び方は大抵、文字札を一人が読み、その他は絵札に目を凝らし、〝お手付き〟のないように、読まれた一枚を素早く取り、一枚でも多くの札を獲得した人が勝ちというのがルール。カルタは、文字やことわざなど覚えるための学習的役割も担っているが、ゲーム性が高いため、学習的側面よりも単純に遊びとして楽しむことができる。そう、「分類カルタ」は分類に〝親しみ〟〝楽しめる〟ように開発!?された、中学生のための本学図書館特製〝遊び学習カルタ〟なのである。

図書館では、近隣の中学生を数名、職場体験活動の一環として受け入れている。業務内容を中学生にも分かり易く、かつ面白く伝えるというのは簡単ではない。私が担当するのは、図書の発注、整理（受入、目録、分類）、装備を行う係。この一連の作業をレクチャーするのだが、将来「図書館で働きたい」と、人生の選択肢になるかもしれないと考えるといらぬプレッシャーを感じないわけでもない。

さて、前述のような気合の結果思いついたのが「分類カルタ」である。まず分類とは、異なる特性のものは選り分け、同じ特性のものは集めることで、簡単に言えば図書館における、それぞれの本の住所のようなもの。家でも服は服、食器は食器、またそれらを一緒にしないように、本も内容や形態によって分ける、集める作業をすること、つまり分類するのだ。森羅万象を「0」から「9」の10に区分して、それらをアラビア数字のみを用いて記号化し表現する。体系的に大まかな分類から細かい分類へと順次10ずつの項目に細分していく。この「十進分類法」を用いた、日本十進分類法（NDC）を私たちは日常使用して

いる（本学新訂9版を使用）。日本の図書館では、公共、大学図書館を問わず、ほぼこのNDCを採用している。ちなみに、書店では「実用・教育」や「趣味」といった独自の並べ方をしており、図書館とはだいぶ趣が異なる。通常分類による棚に慣れている私たち図書館員にとって、書店で本を探すのはひと苦労。まぁこれは、〝図書館員あるある〟の一つである。

では、実際に本を分類する際に必要なのは、2冊の虎の巻。NDCの「本表編」と「一般補助表・相関索引編」。これが私たちの仕事道具。本表編は、NDCの核となる十進分類記号が列挙された細目表で、社会福祉なら[369]、高齢者福祉なら[369.26]と言うように階層構造をもって展開される。その解説には、「いずれの図書にも、すべてその読者を」（S・R・ランガナタン）を実現するために、図書や書誌的記録を一定の体系に沿って配列していると明記されている。また、一般補助表は、辞書・事典「－033」や宮城県「－123」などの形式区分や地理区分等が記載されており、本表編で表現し尽せない部分を補う補助的分類表である。また、索引は、索引語のヨミの五十音順、ABC順に記載されており、〝キーワード（主題）〟から分類を探すときに使用する。

以上、中学生にわかり易いような説明を試みるが、実感が伴わず理解できない部分も多い。そこで「分類カルタ」の登場となる。分類カルタに必要なものは、「本表編」（以下、虎の巻A）と「一般補助表・相関索引編」（以下、虎の巻B）、それから手作りの分類カルタ。その作り方は簡単で、まず分類記号であるアラビア数字0〜9を数枚ずつ用意する。これらを並べるための枠付きのカルタ台を作成し、より階層性を表現できるように、6ケタの枠の中央下にピリオドを打ち、小数点以下も表せるようにする（例 369.26）。これで出来上がり！

「分類カルタ」のルールは6つ。①まず、出題チームと回答チームに分かれ、②出題チームは虎の巻Bを使用し、回答チームは虎の巻Aを使用する。③出題チームは虎の巻Bからキーワードを出題し、回答チームは虎の巻Aを見ながら、該当する「分類」を見つけだし、カルタ台の上に分類記号（アラビア数字）を並べる。ここで、出題チームは大きな分類区分に関するヒントをだしてもOK。④該当する分類の確認を両チームで行い、互いの健闘を称え合い、⑤以上をチーム交代で行う。⑥勝敗を争うのではなく、互いに楽しく分類に親しむことを目的とする。

分類カルタは毎年かなりの盛り上がりを見せる。夢中になり、休憩時間にも分類カルタで〝遊ぶ〟中学生もいる。部活だろうサッカー[783.47]や吹奏楽[764.6]、〝うめ〟は中級問題で栽培と植物学とで分類の可能性が2分野あり、また〝コーヒー〟に至っては栽培、加工、植物などテーマによって5つに分類される可能性を持つ。これら解説を加えながらゲームは進められるが、カルタと遊ぶ中学生を見るのも心地よい。分類をゲーム感覚で体験することで、図書館を身近に感じてほしいし、図書館の秩序だった繊細な仕事を少しでも理解してもらえたらと思う。そうそう、「分類カルタ」自体を分類すると、遊び的側面から言うと室内娯楽の798に分類され、学習的側面からは375.13グループ学習に該当するだろうか。

日ごと本を分類していると、いつか自分も分類されるのではないかと思うことがある。職業的に言えば377.13（大学教職員）と、013.1（図書館職員）か、769.9（バレエ）と588.5辺りは趣味で……と、まず人を分類することに無理があるが、なんと分類になっている人物が存在する。例えば、西田幾多郎[121.63]、ガンジー[126.9]、フロイト[146.13]など、その分野に多くの著書を残し、確固たる功績と影響を与えたという証拠だろう。恐るべし！分類と戯れながら、分類ロマンに思いを馳せる、そんな分類カルタって我ながらなかなかの発明品ではないかしら。そうだ本来の目的！中学生たち、図書館で働きたいと思ったかな？

—*Every book its reader.*—

(Chiho. Y)

ＥＪ君の孤独なつぶやき

―大学図書館の憂鬱―

僕は電子ジャーナル。ＥＪ、ＯＪとかみんな好きな方で呼んでいる。電子化されたとは言っても元は紙の形で存在し、みんな僕を手に取ってくれたんだ。現在僕の勤める会社は大手商業出版社。社内でも新しい電子部門の所属で、出向先はプラットフォームだ。同じような分野の同僚達とパッケージを組んで仕事をしている。最近社内や部署内では僕らパッケージ内で異動があるらしいという噂で持ちきりだ。大学とのライセンス契約の時期はみんな人事異動の覚悟をしているけれど、今回は大規模な異動だ。異動先は研究学会の提供サイトと聞いている。僕が言うのもおかしなことだけど、異動後のアーカイブ権や値段なんかは大丈夫なのかな？　以前学会出版社に異動した仲間は、その後出版社が倒産し彼自身も行方不明になってしまった。最近では世界規模のダークアーカイブサービスを行うプロジェクトも出来ているけれど、僕らの身の保証は完全とは言えない。形の無い僕らは雇用先の情況や環境によってその存在が左右されるから、これから先のことを考えると僕は心配でたまらないんだ……。夜も眠れないし、食欲もなくなってしまうよ。誰か僕の気持ちを理解して！

と、ここまでＥＪ君の孤独な告白を聞いてもらったが、ここからは電子ジャーナルと大学図書館を取り巻く現状をＥＪ君の告白の解説と共に詳しく見ていこう。

電子ジャーナルとは「従来は印刷物として出版されていた雑誌、とりわけ学術雑誌と同等の内容を、電子メディアを用いて出版したもの」である。インターネットを介して利用されるため、Electoronic Journal（ＥＪ）や Online Journal（ＯＪ）と呼ばれるが二つの名称を厳密に使い分けることはないので、ここでは電子ジャーナル、以下ＥＪとする。

学術雑誌の紙から電子への形態変化は、従来の図書館のサービススタイルと

利用者の意識を変えた。中でも最大の変化はその雑誌そのものの「形」が無いことであろう。

最初にＥＪは学術雑誌が電子化されたものであると述べたが、その学術雑誌を必要としている読者の多くは研究者である。研究者はここに掲載される最新のニュースや研究論文の情報の速報性を大変重視している。特に自然科学分野においては最新情報を入手するタイミングによって研究の進捗が左右されるといっても過言ではないからだ。

紙の時代、特に海外で出版された雑誌は空路や海路を経て配達されたため、図書館が研究者へ情報を提供出来るようになるまでには数か月の時間を要した。しかし、電子化により出版と同時に世界中へ最新の情報が公開されるようになり、情報入手のタイムラグが無くなった。ＥＪの登場は、それまで情報入手の為に必要であった距離と時間を軽々と飛び越えることとなった。距離と時間の超越はその利用方法をも一新させた。多くの場合、大学や機関のネットワーク内であれば出版社のホームページからＥＪを公開するプラットフォームにアクセスすることが可能であるため、図書館に直接足を運ぶ必要が無い。また、図書館の開館時間を気にせず、また複数の人が同時に利用することが出来るので、利用者が調査に要する時間が大幅に短縮され利便性が格段に向上したのである。大学図書館にとっても物理的な制約が無くなったことで、場所の狭隘化の解決や紛失の防止などこれまで生じていた問題の解消にもなった。

このようにＥＪは今や欠かすことの出来ない資料となったが、一方で新たな問題も生じている。その一つが価格である。通常ＥＪの契約は機関や大学が一括してライセンス契約を結ぶ。ライセンス契約とは、現物の対価として支払うのでは無く大学が出版社からＥＪにアクセスする権利を取得するという考え方である。契約形態には、出版社が複数のＥＪを組み合わせた商品を一括して契約するパッケージ契約があり、ＥＪを単体で契約するよりも安価な場合もある。出版社毎に大学の規模（キャンパスの数や学生、教員数等）を基準とした価格算出を行ったりするため、算出が難しい。一冊単価や年間購読料金が決まっていた冊子と比べると価格の算出が極めて複雑になったのである。

二つ目はＥＪの異動、つまりタイトルの移管である。移管とは出版社や学協会などの間で行われる出版権の移動のことである。大抵はタイトルの移管後も移管前の契約条件を踏襲し契約していた範囲のＥＪを利用する権利（アーカイブ権）も引き継がれるが、中には出版社の利用条件により、移管後以前契約していた論文にアクセス出来なくなってしまうケースもある。これは購入した分だけ閲覧が可能な冊子では有り得なかった新たな問題である。そのためＥＪの契約に際して、タイトルの移管情報、殊にパッケージ契約から出て行ってしまったタイトルの移管先には充分な注意が必要となった。

それ以外にも出版社の倒産や自然災害などによって蓄積データが消滅し、ＥＪ自体にアクセスできなくなる事態が生じることもあるが、このような場合に備えて世界規模でＥＪのアーカイブを複製して保存するプロジェクトがいくつか設立されている。CLOCKSS（Controlled Lots of Copies Keep Stuff Safe）もその一つで、非常時の際にのみアクセスが出来るダークアーカイブサービスを行っている。しかし、それらプロジェクトにおいても全てのデータの複製を網羅しているわけではないため、その受け皿から零れ落ちてしまったＥＪは永久にアクセス不可となってしまう可能性も皆無ではないのだ。このことはＥＪ君同様、継続的で安定した情報の提供と保存が必須である大学図書館にとっても心配の種である。

以上のように、学術雑誌の電子化は利用者と大学図書館において多くの飛躍的な進化をもたらした。形が無い故のメリットとデメリットを持ち合わせているＥＪを長期保存していくこと、そしてそれらを必要としている利用者のため、永続的なアクセスを保障していくことが大学図書館の今後の大きな課題となっている。

孤独なＥＪ君の嘆きと大学図書館の憂鬱はこれからも続いていきそうである。

―*Every reader his or her book.*―

(Yurika. S)

参考資料

『図書館情報学用語辞典 第４版』 日本図書館情報学会用語辞典編集委員会編 丸善出版 2013

ツタヤ的人間のススメ!?

―成長しない有機体考―

「自分スタイルをつくる!」を目指すあなたにぴったりな図書館、それはツタヤ図書館です。あなたの生活を、よりポップに楽しくオシャレに演出することをお約束します。ツタヤは、ホンを選ぶ場所ではなく、スタイルを選べるインフラですから。私たちは、常に時代に沿った文化やニーズに対応できるように自身が成長努力してきましたので、「ヒト、世の中をより楽しく幸せにする環境=カルチュア・インフラ」をあなたに確実に提供できるでしょう。もちろん、図書館も例外ではありません。我が家のようにくつろいでください。おいしいコーヒーだってありますよ。私たちの提案するライフスタイルを享受するだけで、あなたはもっと面白くなります、素敵になります。だって、私たちのミッションは「私をおもしろくする会社」ですし、「顧客」を一番知っている人間になることが行動規範の第一ですから、あなたの「ほしい、なりたい！」にあなたの要望以上にお答えすることができるでしょう。どうですか、あなたはツタヤで〝自分スタイル〟を獲得できるのです！　ステキでしょ？　さぁ、私たちの提案するライフスタイルを一緒に楽しみましょう。

そう、ここは宮城県内のとある市立図書館。この市立図書館は、カルチュア・コンビニエンス・クラブ（ＣＣＣ）の手掛ける三つめの図書館で、２０１６年３月にオープンをむかえた。前記はＣＣＣの企業理念をアレンジしたものだが、彼らにとっての図書館とは、この理念の実現へ向けての一施設に過ぎないということ。ＣＣＣが初めて手がけた武雄市図書館よりも「カルチュア・インフラ」の強調度合いはさらに増しているように感じる。本の排架や分類、図書館と書店等のゾーニングの多少の工夫は前例よりも感じられたが、ＣＣＣの提案するスタイルがより強く表現されていて、頭がクラクラし、この陰謀に騙されては

いけないと全身が殺気立つ。

代官山から始まるCCCの蔦屋書店は、書籍を中心に担当者の〝センス〟によって選ばれた商品やカフェを提供。また、下北沢に開店した30坪ほどの「本屋B&B」も新刊本に頼らない選別された書籍とビールなどのアルコールも提供し、イベントの積極的な開催など独自の「本屋」スタイルを提案してきた。しかし、図書館は本屋とは違い、スタイルを切り売りするところではないし、まして利用者は〝顧客〟では決してなく、流行に左右される不安定なライフスタイルの一部にどうして図書館を位置付けることができるのだろうか？

私たちは市民として平等に扱われるべき公共機関である図書館においても、商業的プレッシャーの前に消費者として位置付けられ、評価され、さらに利用される危険性をはらんでいることを理解しなければならない。図書館利用カードが、Tポイントカードに取って代わられている状況がそれらを物語っているように思う。『拝啓市長さま、こんな図書館をつくりましょう』のなかで、著者アントネッラ・アンニョリは、武雄市図書館の例も挙げている。ここでは図書館の良し悪しについて言及はしていないが、同じ本の中で著者は次のように述べている。「公共福祉としての文化を商業利益が含まれる変化の激しいテクノロジーに委ねることはできません」と。また、アメリカ都市図書館協議会会長の言葉を挙げ、「近代民主主義の理論に、市民が無知であることは許容されず、図書館は民主的素地を豊かにさせ、社会的結束を損失させる黒い海に抵抗する機関であるべきだ」と。

カルチュア・インフラの提供に主眼をおくCCCの図書館には、有機体としての成長の可能性はあるのか？ そのホームページからもわかるように、図書館事業はライフスタイル提案の一部門に過ぎず、彼らの提案するスタイルを消費する〝顧客〟の成長は願うかもしれないが、〝黒い海に抵抗する〟哲学や体力は持ち合わせていないだろう。また、図書館を利用する市民の成長や図書館員の成長、郷土資料の収集や選書を含む蔵書構成など図書館自体の成長に力を注いでいこうとしているとは到底思えない。20年後、30年後の武雄市や、その地に生活する人々を思い描き、市民一人ひとりの豊かな社会生活や社会全体の向上への尽力を図書館として目指していけるのだろうか？ きっと答えはNO。成長しない個人と、成長支援を見込めない市民の先には、無用の長物となった

〝成長しない有機体〟が転がっているかもしれない。

私たちの知る権利や学ぶ権利が保障され、市民として平等で安定したサービスを安心できる情報操作の下で、永久的に提供される施設であるはずの図書館は、私たちの「命」や「幸福」と結び付いている。はたして、一過性で安易なＣＣＣのカルチュア・インフラがそれらと真摯に向き合う覚悟はあるのか、真剣に考えなければならない。そして、ツタヤ的人間、つまり私たちの理性や知恵、知的好奇心を商業ベースの知らない誰かに一任し、オシャレな私を演出してもらい、市民としての個人を見失うかもしれない危険な状況をあなたは望みますか？

―*A library is a growing organism.*―

(Chiho. Y)

〈番外編〉

Let's 図書館占い

あなたは占いの力を信じるだろうか？

最近私の周辺ではある占いがちょっとしたブームとなっている。その日の運勢を誕生月ごとに占うというものだが侮れない。読まないとその日が始まらないと言っていいほど、くせになる20文字。20文字の小宇宙「今日の運勢」は、想像を超える衝撃の内容と文言で、私たちの想像力を掻き立てつつあなたの今日を予見する。

ある日の運勢。「遊ばなくなる。アリのような生活に甘んじる」、仕事に忙殺され悲壮感漂う生活を送るということか。またある日は、事情で姿を消す人が

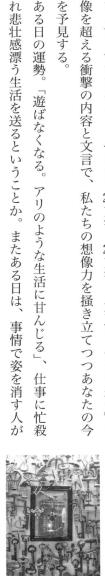

出てきて、借金か？と思われたり、ある時は金づるにされたり、ライバルにしゃれた生活を見せつけたり、そうかと思えば、うっかり料理を焦がしたり、あるいは興奮状態になって考えられないほど動き回ったりと精神的にも身体的にも様々な局面があなたを待っている。そして、極めつけは「財産が危険にさらされる。守りきれないかも」と絶望の淵に突き落とされるような宣託、恐ろしい。同じ誕生月の同僚と「今日はまっすぐ帰宅しよう」と誓うが、その夜同僚から一本のメールが入る。「財産は無事でしたか？」と。そして彼女は帰り道、パンやらみかんやら水筒などが入ったサブバックを失くしたというのである。うひゃ〜！

占いや超能力・超科学は「人間の心のゆらぎ」につけ込むまやかし術だと、科学者である池内了氏はその著書『疑似科学入門』で述べている。占いは、心理学の対象ととらえ第一種疑似科学に分類され（NDCにおいても、超心理学や占いは心理学の一分野として分類されている）、迷信と同様繰返し見聞きすることにより刷り込まれ、そして洗脳されていくと言うのだ。疑似科学とは、科学的な装いをとってはいるが、科学の本筋から離れた非合理を特徴とするものを指すそうで、なるほど司書たるもの科学的見地からの意見は重要視しなければならない。と、頭では分かっていても、非合理で無秩序な20文字の世界は、科学よりも私たちの好奇心をくすぐるのである。

さて、私たちに身近な非科学の世界「占い」×「図書館」、あなたの今日の運勢はずばりこうなるでしょう。

1月　うっかりして紙で指を切るかもというリスク
2月　夢見がち。事は小説のようには運ばない現実
3月　去る人の所有物を大量に受取る。保存に苦心
4月　ポケットから小銭が見つかる。おやつに散財
5月　利用者から無理な要求をされる。心が乱れる
6月　知識が豊富な老教授と出会う。うれしくなる
7月　管理に不安。タフさと腕力は別物と知るべき
8月　集団で行動しよう。一人ですると腰を痛める
9月　じっとしていられなくなる。予算配分見直し

10月　契約が決裂に終わる。手段をえらべない状況
11月　甘いものを食べないと頭が働かなくなりそう
12月　意欲的。作業は快調に進むが眼精疲労が進行

的中しました？

(Chiho. Y)

〈番外編〉
「ほどよい関係」

どんな関係にも「ほどよい距離」というものが存在する。人と人の関係はもちろん、人ともの、ものとものも然り。近すぎても遠すぎても駄目で、ほどよい距離感が「ほどよい関係」を築く。ほどよい関係、耳馴染みもいいなぁ。さて、働く女性の強い味方、〝おやつ〟。その艶やかな響きは、フッと仕事を忘れさせ、みけんの皺も何処へやら。「リビングくらしＨＯＷ研究所」の調査では、実に7割以上の女性が毎日間食をしているという。その首位はチョコレート。ぽいっと口に入れられてブレイクにぴったりな一品。ヘルシー志向の場合、茎わかめやカリカリうめなど、腹もちもよく美味である。私のイチオシは、カ

ルシウム入りのものでシュークリームやビスケット、まんじゅうなどがあり、イライラを軽減するための安定剤としてもマストおやつである。それからご当地ものは女性の心をくすぐる逸品。チョコレートと言えば、ロングセラーでどの世代からも人気の一粒10円ほどのあのチョコレートは、様々なコラボ企画を導入し、そのパッケージが面白い。世界中の美術作品を独創的な歌とアニメで紹介するNHK番組とのコラボ商品は、絵画や美術作品のパロディー的アニメをチョコのパッケージにして、食べた後もチョコ型に復元できるマグネットキットもあり、この絵がいい、あの絵がほしいと館内で旋風を巻き起こし、銘々の机やブックトラックには「鳥獣戯画」や「ヴィーナスの誕生」の〝実なし〟パッケージ型が張られていて楽しい。美味しく楽しいうえに、美術作品も学べちゃうと好いことの三重奏。おやつは、一時的に仕事との距離感をリセットしてくれて、時には人間関係さえもリセットしてくれる。仕事とのほどよい距離を保つための必需品だし、仕事の〝質〟を上げる力さえ持つ。

本のオビは、読者と本のファーストコンタクトを演出し、未体験ゾーンへの入口でもある。また、本との距離感を計るための指標ともいえる。「オビ、あります―。」のオビを持つ『オビから読むブックガイド』は、その名の通り真面目に面白くオビから本の内容を想像しながら読みとくブックガイドで、私も気になるオビは取っておいたり、本を読み終えた後答え合わせのようにオビを確認したりする。図書館ではすぐに捨てられるオビの運命を思うと少々切ない。「すべての人間の死因は、生まれたことである。」赤地に白抜きの文字が踊るオビは、池田晶子著『絶望を生きる哲学』で、心を鷲掴みにされたオビ。一際長～いオビ、『地面の下には、何があるの？』は開くと長～い仕掛け絵本で、イマジネーションを掻き立てられ子どもが大喜びするだろう様子が思い浮かぶ。と、オビの世界は味わい深い。

建物との関係も同様で、ほどよい距離というものが存在する。図書館も例外ではなく、建物×利用者や資料、また図書館員と、目的や立場によってそれぞれのほどよい距離感がある。利用者の場合、個別にあるいは団体で利用できる空間の有無や、静と動の棲み分け、明暗の度合いによって利用目的が違い、用途に合った空間デザインが重要で、その時々で利用者と場所との適度な結び付きが居心地のよさや生産性に関係してくる。資料と建物にも適度な距離があり、自然光の入り具合や、温度や湿度、それから隣り合う資料がキツキツで取りだしにくいような状況では、利用しづらいうえ資料も傷みかわいそうである。また、図書館員にとって建物は、働く意欲にも影響するほど重要である。動きやすい動線、音漏れのない事務室、広い作業スペース、充実した給湯室など、適切な空間によってやはり生産性が向上すると思うのだが、どうだろう。ほどよい空間設計が、結果的にストレスのないほどよいそれぞれの関係性を形成し、新たな創造力を生みだす源泉になるのではないかと思う。

「ほどよい」とは、「よい程度である。」とか「ちょうど都合がよい。」(『広辞苑』第七版)という意味で、中庸的な雰囲気がある。多すぎず少なすぎず、右にも左にも、上にも下にもまだ余裕がある状態。伸びしろと言ってもいいかもしれないこの空間は、水にぷかぷか浮いている感じで、不思議と心が解放される。「ほどよい距離」、計測器で計れたらいいのにな。

(Chiho. Y)

パートⅡ❖図書館でビタミンチャージ

～ブックレビュー編～

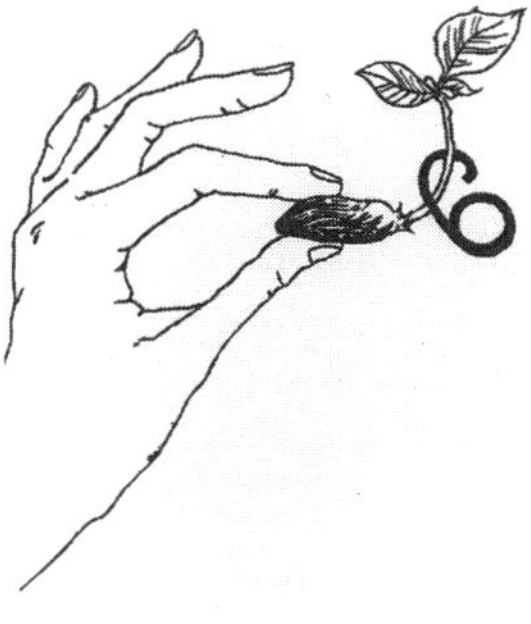

「NDC」とブックレビューについて

「どんな小さな本の断片でも、と、と、図書館の棚の正しい位置にきちんと収めたのは、このデューイなのよ」と、『ビッピ・ボッケンのふしぎ図書館』の一節。本の断片、図書館の棚の正しい位置、デューイ……、どれも図書館では必要不可欠なキーワード。これら無しでは図書館は機能しないのだ！

ではまず、何かのおまじないのような「デューイ」とは、図書館界では最も有名な人物の一人、メルヴィル＝デューイ(1851-1931)のこと。デューイは世界中にもっとも普及しているDDC（デューイ十進分類法）の考案者である。分類法というときの分類とは、「分ける」と「まとめる」の原理に従って、他とは異なる特性をもつものを選り分け、同じ特性のものを集めることで、家の中でも靴は下駄箱で、靴下はクローゼットへといった具合。本棚に資料を配置することを目的とした分類法なので、本の内容からこの分類法を用いれば、棚の正しい位置に本が収められるというわけだ。日本では、このDDCを手本としてNDC（日本十進分類法）が考案されたが、このNDCの生みの親である森清氏は、図書館専門の用具を販売する会社員だったのである。〝必要は発明の母〟というが、一会社員によって考案された分類法が、いまでは日本のほとんどの図書館で採用されているとは驚きである（現在、NDCの維持管理は日本図書館協会の分類委員会が当たっている）。実体験はまず子どもの頃の「学校図書館」、ここで知らず知らずのうちに0から9までの漠然とした意味を知らされたような気がする。この意識下で育てられた数字の意味は大きい。

NDCは、すべての主題に対応した分類項目があらかじめ用意されている列挙型であり、まさに「知識の宇宙」の総体である。そこで今回のブックレビューは、NDC　0から9までの10の区分下からそれぞれ一冊を選んで書いている。ページ下のラベルには、その本に該当する分類が記されている。それでは、知識の宇宙の断片をほんの少し覗いてみようと思う。

〈NDC　第一次区分〉

0　総記
1　哲学
2　歴史
3　社会科学
4　自然科学
5　技術
6　産業
7　芸術
8　言語
9　文学

▽時空の旅人「和本」紀行

『和本入門　千年生きる書物の世界』（橋口侯之介 著　平凡社ライブラリー）
『江戸の本屋と本づくり【続】和本入門』（橋口侯之介 著　平凡社ライブラリー）

「和本とは、有史以来、明治初期までに日本で書かれたか、印刷された書物の総称である。」と始まるこの2冊は、「和本」の奥深い魅力と壮大なロマンを教えてくれる。モノとしてのハード的側面と、人間の情熱を帯びたソフト的側面を持つ和本の両面が、和本専門古書店を営む橋口氏の長年の経験と綿密な調査による秘蔵?! ネタと共に語られる。ここで古典籍整理の立場から言うと、「和本」という概念に相当するのが、通常私たちが使う「和書」のことで、「和本」とは装訂を指す表現で、日本古来の装訂の本つまり糸綴の和装本のことを言う

(長澤規矩也編著『図書学辞典』参照)。また、中国人が編集した図書を「漢籍(かんせき)」、中国古来の装訂の本を「唐本(とうほん)」と呼ぶ。と、このように明確に言葉の〝仕分け〟があり、古典籍が敬遠される要因の一つではないかと思うが、ところがどっこい! 時空を超越した人生ドラマ、いや和本ドラマが広がっているのだ。

さて、和装本を想像してほしい。右側を糸で閉じられ、少しだけ硬い表紙が付き、中は柔らかくしっとりとした和紙で仕立てられた本。手にしっとりと馴染む柔らかい感触、木版で刷られた文字の清々しい趣、それでいて軽くて丈夫なので、江戸時代に刷られたものでも、平成の現在に至っても「本」として現役という優れもの。また、和本をモノとしてハード的な側面に着目したとき、本の正体を突きとめるためのヒントを拾い集めることから始まる。書名や著者はどうか、いつの本か、どこで、だれが出版したのか、現代では本の奥付をみれば一目瞭然だが、江戸時代中期に出版条目が出るまでは記載されないことが多く、序や跋などから探るのだ。また、刷られた墨の濃淡で最初に刷られたものか、後に刷られたものかを判断し、書込みや蔵書印があるか、本屋から出版された町版か、それとも自費出版された私家版なのかなど、重要な情報を読み取るための基礎知識が沢山紹介されている。

書物と信仰は縁が深かった。本を出すことは、それに慣れている本屋にとっても、毎回一大イベントだったようだ。売出しの際、本に命を吹き込むおまじないとして「魁星印（かいせいいん）」（鬼のような形相の神の化身を表した印）を押したり、新刊本を天満宮や住吉神社に奉納したりした。またベストセラーが出たときには、天神に参拝し、店の者に食事をふるまう「千部振舞」をしたそうだ。実際に本を出すにはかなりのコストがかかったし（費用の回収見込みがないと人気作家でも出版を渋ったらしい）、よほど大当たりしないかぎり儲からない仕事だったが、本に関わって生きていくことに何か駆り立てられるものがあり、広範な読書人のこだわりに通底している心境だったのだろうと橋口氏は言う。本を信じて生業とした作家や商人、それを支えた職人たち、本を待っていた大衆の中で本は廻りながら息をしていたのかと考えると、時空の旅人と言うべきなんともアグレッシブで愛おしい存在かと思えてくる。

本は人の行為であることを改めて感じ、「作る」「出す（広める）」行為があり、

平凡社ライブラリー 刊

巡りめぐって今ここに受け継がれている。私と和本（漢籍も）の攻防は、三つのオリンピックをまたぐほど長期にわたり、２０００年から手掛け、２００８年『東北福祉大学図書館所蔵和漢書目録』として完成する。そして、出版に関わった江戸の人々と、古書店店主の橋口氏、図書館員の拙い私、時代を越えて「本に関わって生きていく」という共通項で繋がっていることに気が付いた。かなりのプレッシャーを感じつつも喜びと誇りを胸に今日も本と向き合おう。

▽畜生になれ！……踊り念仏、上等！

『死してなお踊れ　一遍上人伝』（栗原康 著　河出書房新社）

「どんな大人になりたい？」、「ん〜、私は泉谷しげるぅ」。そう、私は泉谷しげるになりたかった。ビジュアル的に汚いオッサン、それも口の悪いオッサンだ。ムチャクチャぶっ飛んでいるようで、実は超真面目でやさしい常識人、「バカヤロ〜！」と絶叫しつつ、ライブでは「ちゃんと水分とれよっ！」と、アンビバレントでファンキーな大人に惹かれたのかもしれない。そんな私には最近気になる人がいる。その名は「栗原康」。彼は、これまた私の大好きな哲学者、故池田晶子の記念賞である第10回「わたくし、つまりNobody賞」を授賞した。この賞は作品に贈られるのではなく、賞の趣旨にふさわしい人物に贈られるの

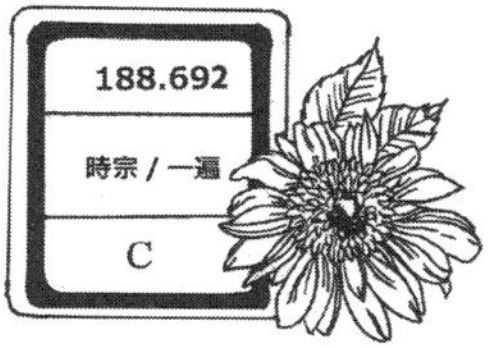

だが、栗原さん気になる！そしてなんかとってもロックだ、ちくしょう。

と、〝ヤスシ節〟全開で書かれた『死してなお踊れ　一遍上人伝』は、1239年、道後生まれで時宗の開祖である一遍上人の評伝である。六波羅蜜寺の空也上人像に涙して、その後踊り念仏の一大ムーブメントを起こした一遍に至り、とてつもなく一遍に興味を持った栗原氏だが、まず六波羅蜜寺の空也像は本当にすごい、「生きている」のだ。空也上人の口からは、こぼれ落ちるように六字名号である「南無阿弥陀仏」の6体の像が流れ出ており、貧しい身なりで京都の市で念仏を唱え続けた、市聖（いちのひじり）空也がそこにいる（歴史小説『捨ててこそ空也』もおススメ）。「わが先達は空也なり」と空也を尊敬し、すべてを捨てる、あらゆる欲もおのれも、そして仏を信じる心さえも捨てる「捨ててこそ」が一遍の踊り念仏であった。

「となふれば仏もわれもなかりけり　南無阿弥陀ぶつなむあみだ仏」

われわれはすでにアミダによって救われている。しかし、みなそれに気づいていないからすべてを捨てて「南無阿弥陀仏」を唱えるのだ、念仏は仏の力であり、仏そのものだ。と、それらを伝えるために全国各地を遊行した一遍。常なるものなどない、今を全力で生きろ、捨て身で生きろ、とまっすぐに生きた一遍。家を捨て、妻子を棄て、念仏となえてバカになれ、ゼロになれ、仏になれと現世のしがらみから自由になれとばかりに死ぬ気で踊りまくって、うたいまくって土にかえった一遍。武士のトップ北条時宗とやりあったり、寺で暴れたりとめちゃくちゃだけれど、凄くかっこいい一遍。もともと武士であった一遍は、家を守るため人から奪うこと、人を殺めることも厭わない社会に嫌気がさし、出家し浄土教を学ぶ。そして、ここから一遍の長い旅が始まるのである。

何事かをブレずに終始するというのは至難の業だが、一遍は空海や空也といった先達を手本に、強靭な精神といわば狂人と化して信じる道を貫いた。何ものも持ちたくなかった一遍だが、彼の死後一番弟子である他阿真教が時宗をたちあげることになる。

一遍の生涯を大胆かつ面白く、しかも至極まじめに記した栗原氏。授賞式では、「前作は史上最も恥ずかしい『あとがき』だと思っていたが、この作品の『はじめに』はそれ以上だった」とコメントされ、この人大丈夫だろうか？と心配になったが、彼はれっきとしたアナキズム研究者である。馬鹿バカしいこと

河出書房新社刊

をとびきり真面目に、難しいことを本気で馬鹿ばかしいほど面白く語れるって素晴らしいバランス感覚なんじゃないかと思う。そういう人が好きなんだ、ワタシは。ちなみに、栗原さんの彼女ってチホさんなんだって。わぁ〜お！

▽Hawaiiに行って『ハワイ』を読む

『ハワイ』（山中速人 著　岩波書店）

初めてのハワイ。しかし、あまりにもメジャーなハワイは、行ったことがないにも関わらず、すでに行ったことのあるような不思議な感覚。確かに幼いころ、炭鉱によって湧き出る温泉を利用し開拓された東北のハワイこと「ハワイアンセンター」（現名称は「スパリゾートハワイアンズ」）へは、毎年のように足を運んだ。日中は海ならぬ〝流れるプール〟を満喫し、夜は魅惑的なフラダンスショーに胸おどらせ、おやつには売店で買った甘いパイナップルを頬張った。それが、私の疑似〝ハワイ体験〟として残っていたのかもしれない。

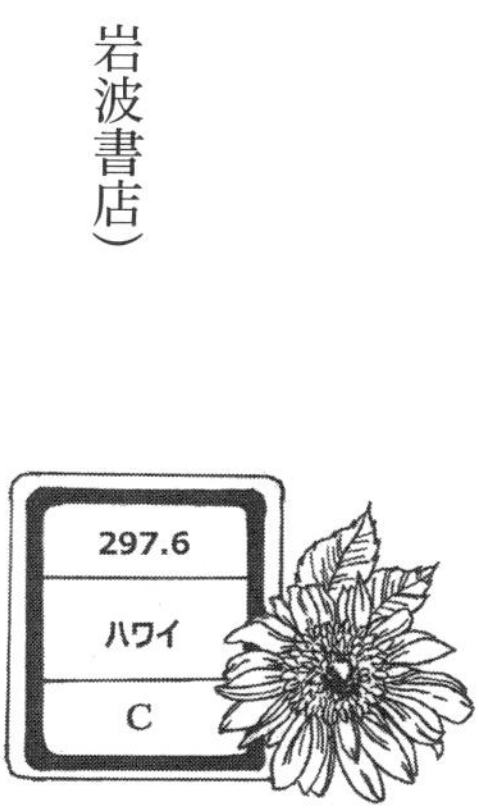

ハワイを訪れてまず驚いたことは、あまりにも日本人が多いこと。日本人向けの観光パッケージが完全に確立されており、お気軽に非日常を求めて老若男女が安心して過ごせる海外、それがハワイ。そして、わかっているはずだったハワイは、ちょっと田舎でちょっとリゾートというような宙ぶらりんな感じで、まさにこの本の冒頭に書いてあるように、「ある種のあきらめと奇妙な納得」が入り混じった不思議の国Hawaii。

ハワイには、カマアイナ主義と呼ばれる一種のナショナリズムが存在するそうだ。この本の著者である山中氏は、社会学者であり、またソーシャルワーカーとしてハワイの貧しい移民や難民とも関わった経験からこの地の現実と歴史を紐解いていく。多民族国家ハワイは、近代以降の大量の移民により多数派の民族グループは存在せず、複合文化社会として発展する。複合文化社会とは、ひとつの文化や価値観が社会全体を圧倒するのではなく、複数の文化が共存し、人々は自分が属する文化や価値観とは異なったそれらを相互に認め許し合っている社会のこと。カマアイナ主義は、まさにハワイを象徴する思想で、異文化の人々の大量の流入を受けながらも、社会をひとつにまとめ、ハワイ的なものを維持しようとした優れた感覚であり、生き残りのための知恵だと言える。そして、色々な文化や価値観が混ざり合って再形成されている現在ホノルルの複合文化性は、「洗練」の対極にある野暮ったさを多分に含んでいると述べられており、私の感じた宙ぶらりんなハワイは、この野暮ったさが理由だったかと納得した。

　この本の最後には、「ハワイ史を歩く人のためのガイド」が付いている。この本を片手に歴史に思いを馳せながら、ワイキキのブランド通りからは全く感じられない多様な文化のにおいを感じることは、きっとパワーに溢れていて、どこか懐かしいに違いない。そして、雑多な文化の中に生きるハワイ的な匂いを探すのは、四葉のクローバーを見つけるごとくほんのりと幸せな香りがするだろう。

岩波書店刊

▽一生「女子」でもいいですか？

『「女子」の誕生』（米澤泉 著　勁草書房）

「女子会」に始まり、「大人女子」「リケジョ」、はたまた「山ガール」、「腐女子」など、近年「女子」が街中を、日本中を闊歩している。男性よりもアクティブに。女性ファッション誌から誕生した「女子」は今も進化を続けている。女子的なものが嫌いだった私が、「女子」を生きている今、昔よりもずっと自由を感じている。では、「女子」の正体とはいったい何か。女子のみなさん必読です。

「かわいい」は、もはや日本を代表する文化となったが、「女子」は日本の現状を伝える一つのキーワードと言ってもよい。１９７０年代から隆盛を誇った女性ファッション誌は、時代を映す鏡であり、同時に時代を牽引してきた。

１９７５年創刊『ＪＪ』は、ファッションと生き方を直結させ、制服的女子大生向けお嬢様ファッションを提案し、女子大生から専業主婦へというライフコースを指南し絶大な人気を得た。私自身『ＪＪ』には拒否反応があり、ほぼ手にすることはなかったが、階層意識を反映する雑誌だったかと、食指が動かなかった理由がなるほど頷ける。これとは対照的に、「28歳、一生、〝女の子〟宣言」を宝島社出版の『sweet』は提唱しこれも「どうかしてる！」と思ったが、この「女の子」にはシンパシーを感じるところがある。それは、従来のライフコースの崩壊や仕事や生活の閉塞感が蔓延しつつあった１９００年代後半、「不完全で未熟な少女」としての女の子ファッションではなく、脱役割型・脱制服的ファッションの提案と、自分の着たい服を選び、結婚、未婚を超越した「大人でも着たいかわいいファッション」、つまり従来の常識的役割を拒否する挑戦者としての女子ファッション、ひいては生き方を示唆したのだ。自分の人生を主役として生きる、それが「女子」。その後女子は雑誌だけにとどまらず、日本社会を席捲することとなる。

10代や20代の頃、ハートやスターなどの可愛いモチーフ、いわゆる女の子ら

勁草書房刊

しいものは大嫌いだった。「ありえなーい!」と思っていた。しかし、ある時を境にそんな可愛いものが不思議と好きになっていた。「あれっ、私どうかしちゃったの?」と自分自身を危惧したが、それはきっと年齢的に女子を卒業していたから。大人の女性となり女子的生き方を選んだことで、世の中の可愛いものに抵抗がなくなったのだ。それは、年齢や役割、ライフスタイルと強固に結び付いていたファッション概念の呪縛から解き放たれた瞬間でもあったことに気づく。

結婚すれば名前を失くし、キャリアを選んでもガラスの天井は分厚く、男性のように仕事、家族すべてを手に入れることなんて不可能だと悟った現代女子。だから、そういった一切合財からエスケープして、「女子」でいることを自ら選び取り、より自由に、より自分らしく、より成りたい自分になるために「女子」を生きるのだ。それは時としてやり過ぎとも言えるが、ある時は武装のため、ある時は隠れ蓑として、女子として戦い、女子を謳歌する。ファッション誌とちょっと高をくくっていたが、享受していることは案外多い。哲学者の鷲田清一氏はその著書『ちぐはぐな身体(からだ)』で次のように語っている。「ファッションとは、ほんとうは社会を組み立てている規範や価値観との距離感覚であり、ひいてはじぶんとの距離感覚であるとおもう」と。たかがファッション、されどファッション、女子は敏感にこの感覚と向き合っている。だから、きっと「女子」の進化は止まらない！

▽宇宙に向かって聞いてみる

『宇宙には、だれかいますか？ 科学者18人にお尋ねします。』

（佐藤勝彦 監修 縣秀彦 編集 河出書房新社）

子どもの頃寝しなに母からこんな話を聞いたことがあった。「月には一人の男の人が住んでいて木を切っている。木は切り口がすぐにくっついてしまうから、男の人は休まずに切り続けなければいけないんだって…。」夢うつつの中、瞼の裏に浮かんだのは金色に輝く月の平野。一本の大木と男の人以外は何も無く、ただ木の幹に斧を打ち付ける音だけがぽっかりと広がる暗い空に鈍く響いては消える、そんな光景だった。男の人は一人で寂しくないのかな？ 話しかけたらなんて答えるかな？ などと思いを巡らせるうちに、いつしか眠

りの世界に引き込まれてしまった。以来、夜空を見上げる時には決まって「月に住む男」のいる風景を思い浮かべるようになった。

　母の作り話だと思っていたこの話が、実は古代中国の伝説だと知ったのは随分と時間が経ってからだった。この伝説は漢時代に編集された思想書の『淮南子《えなんじ》』に記されているが、月や星にまつわる伝承や神話は日本を含め世界各国においても数多く残っている。それは遥か太古の昔から人々が宇宙に見果てぬ思いを馳せていた証拠に他ならない。

　そんな宇宙に憧れを抱く一人として手に取ったのが本書である。ここでは、「地球外の宇宙に生命はいるのだろうか？」という疑問を解明すべく研究する学問である宇宙生命学、すなわち「アストロバイオロジー」の見地から18人の科学者に生命の定義など同様の質問を行い、それに対するそれぞれの見解をまとめている。アストバイオロジーが複数の分野融合の研究であることから、研究に携わる科学者も天文学や生物学、化学や工学等々と多岐にわたっている。それぞれ専門分野の立場から地球外生命体や知的生命体の存在有無について希望や推測を含めた真剣な見解と、時に遊び心あふれる表現（各科学者の考える

河出書房新社刊

自筆の宇宙人イラスト有り！）で構成されている。

例えば、地球外生命が発見される場所についての質問である。地球の起源を辿ると生命の誕生がアミノ酸などの有機物の発生とそれが海に溶け込み、反応し組織化された結果とする説から、可能性が高い場所の条件としての海の存在が必要と述べる科学者がいる。その一方で、遺伝子物質のＲＮＡ*が誕生する際に乾燥が不可欠な点を挙げ、陸の必要性を述べる科学者もおり、その見解はそれぞれに異なる。しかし最新の研究から導き出された仮説を読むだけでも、これから更なる研究により、徐々に解明されるであろう宇宙の真実と、存在するかもしれない未だ見ぬ生命体の姿に心が躍るような思いである。

２０１７年2月、アメリカ航空宇宙局（ＮＡＳＡ）では39億光年先の宇宙に、地球とよく似た太陽系外惑星を七つ発見したと発表した。そのうち六つは地球とほぼ同じ質量で、一部には地表に水が存在する惑星もあるとのことである。生命の源とされる水の存在は、その惑星の中に生命体を発見する日がそう遠くないのかもしれないことを予感させる。地球外生命体の存在に一歩近づいた現在、夜空を見上げながら思う。もし知的生命体と遭遇したら、自分だったらそ

*ＲＮＡ＝リボ核酸。リボースを含む核酸。タンパク質生合成においてそれぞれが重要な働きをしている。一部のウイルスでは遺伝子の本体。

の瞬間なんて声をかけようか？　子どもの頃から想像し続けた「月に住む男」を思い「こんにちは。寂しくなかった？」かな。

▽理想が現実を超える時

『起こらなかった世界についての物語
アンビルト・ドローイング』
（三浦丈典 著　彰国社）

「本当に実現可能なのだろうか？」　20世紀アメリカの建築家、リチャード・バックミンスター・フラーの考案したジオデシックドーム（別名フラードーム）の図面を目の当たりにした時に感じた最初の印象は今でも驚きと共に覚えている。正三角形を組み合わせて構成された多面体は限りなく球に近い。その球面を構築する数多の線分の集合からなる細密な図面から想像する建築物は、現実世界の物理的法則から隔離された存在に思えてならなかった。

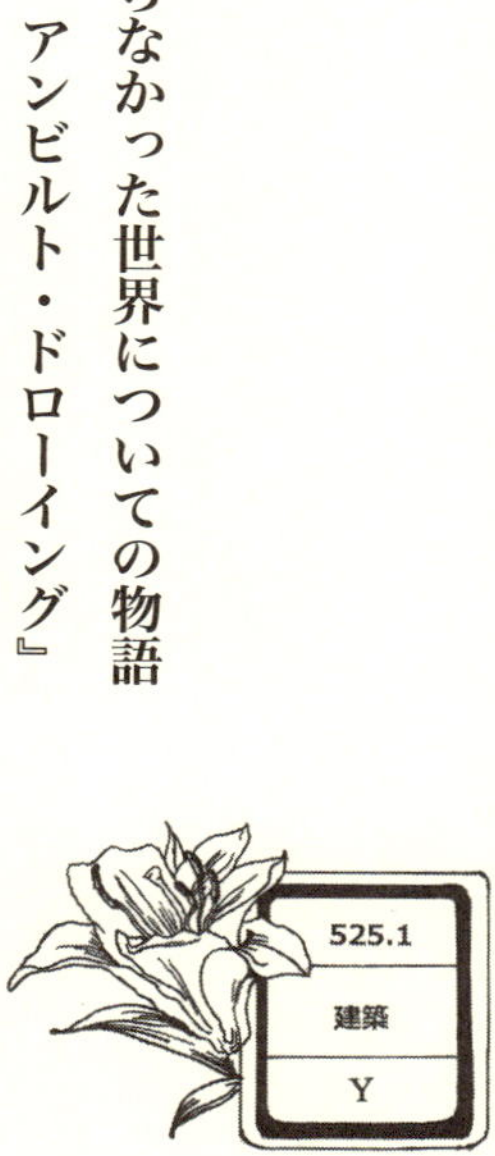

しかし、実際には特許が認められ、この構造を使った南極観測ドームをはじめとした様々な建築物が造られた。その中でも1967年のモントリオール万国博覧会のアメリカ館は五十余年を経た今でも現存している。写真で見るその姿はある種の崇高さを醸し出し、外界から守るように建物を覆うドームは、見る者の空想をもまた内側に封じ込めているかのようである。その中にあるのは灼熱砂漠のオアシスだろうか？　あるいは世界の果てを見届ける観測所かもしれない。そんな絵空事をよそにジオデシックドームはただ悠然と佇むのみである。

基本的に図面や設計計画のドローイングは建築を前提として作成される。しかし、著者曰く中には「un - built」建てられることのなかった、つまりは政治情勢や資金不足などによる外的要因以外にも、「最初から実現を前提としていなかったドローイング」が存在するのだという。

ここでは、建築家の他にも思想家のルドルフ・シュタイナーや画家のピーテル・ブリューゲルなど、著者の建築家としての興味と思想への共感のもとに集められた26の「起こらなかった世界」が紹介されている。

中でも自然との共生、緑化をコンセプトとする建築物を数多く手掛けたエミ

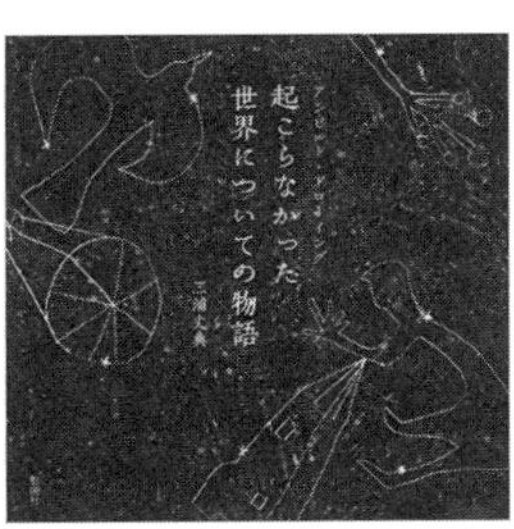

彰国社刊

リオ・アンバースの「共同生活者のための葡萄園」と題された設計ドローイングは、前述したジオデシックドームの設計図面を見た時よりもはるかに現実味を帯びた姿で目に焼き付いている。緑の平野の只中に掲げられた白い十字架が見える地下室はカタコンベ*だろうか。その風景の持つ不思議な安心感に、かつて私もそこで祈りを捧げていたことがあったかのような錯覚さえ覚えるのだった。

実在するのに現実味を持たない建築と、存在しないがどこか懐かしい風景。建築家にとってその二つの間にはどれほどの差があるのだろうか？「起こらなかった世界」は実現こそしなかったものの、建築に対する理想や信念に裏打ちされた強い思いの集大成に違いないのだ。それは存在しないが故の永遠性で見るものを惹きつけてやまない。

*古代キリスト教時代の地下墓地のこと。そこに描かれている壁画や石棺は美術史上重要なものとなっている。

▽元気、うれし、地域！

『幸福な田舎のつくりかた
地域の誇りが人をつなぎ、小さな経済を動かす』
（金丸弘美 著　学芸出版社）

私が社会教育を学んでいた学生のとき、地域起こしには三つの〝もの〟が必要だと教わった。若者・よそ者、そしてバカ者。なんとも心もとないアイディアのように感じたが、今になってわかる。それは無謀とも言うべき推進力と、新しい視点と発見、そしてバカになって真剣に取り組むという三つのパワーが一つになったとき、何かを変えるエネルギーを生み出す原動力になるということ。ここに紹介されている全国各地の事例は、私が当時学んだ地域起こしという概念とは少し違い、一過性ではない地域の経済活動にまで及んでいるが、と

ても興味深いものばかり。そして、「行ってみたい。体験してみたい。食べてみたい」とじっとしていられなくなる。

山形県鶴岡市のイタリアンレストラン「アル・ケッチァーノ」は今や全国的に有名で、東京にもその支店があるほどだ。シェフの奥田政行氏が地元の野菜研究をテーマとしている大学教授とともに、地域でしか取れない「在来種」の伝統野菜を発掘・研究し、それをイタリア料理として創作し提供するというものだ。私も以前、山菜のアクアパッツァをいただいたが、山菜独特の風味と白身魚がなんともベストマッチで忘れられない一品となった。奥田氏はいわゆるUターン組で、地元をよそ者としての視点で眺め、在来種に新たな価値を見出した。また、各種の研究会等が発足し、在来種のレシピ本の刊行や、高校生の「食の甲子園in やまがた」の開催、これらを映画化した「よみがえりのレシピ」の製作と上映など、地元だけには留まらない広がりを見せ、多くの観光客が訪れる場所となった。

全国各地に点在する「道の駅」、中国地方だけでも100駅以上存在するが、山口県萩市にある「萩しーまーと」は国土交通省の全国モデル「道の駅」6駅にもなっている。観光客だけを対象とするのではなく、市民の台所として機能することをコンセプトに、萩漁港の水揚げ高の15％ほどを販売し、地元業者と共に魚の加工品を開発し、地産地消に貢献し地域全体の活性化にも寄与している。平仮名だとピンと来ないが、〝sea mart〟つまり、地元の鮮魚屋さん的存在だ。この中心人物である駅長の中澤氏は、全国公募で駅長となったが、以前は都会のリクルートで働いていたそうである。やはりここにもよそ者の視点が生かされており、地元で言えば若者に位置する中澤氏には、信頼できるバカ者仲間が存在している。

楽しい、美味しい、元気になる！　そんな体験は、田舎だけではなく私たちをも幸せにしてくれる。姉妹本である『美味しい田舎のつくりかた』は前作から2年後に書かれており、「山際食彩工房」の食品加工で農家を支援する福島県会津の例など新たな〝美味しい〟を発見できる。「幸福な田舎のつくりかた」は、〝幸福な私たちのつくりかた〟にもきっと繋がっている。「もの」が発信した「物」が、地域住民やそこを訪れる私たちの「こころ」をも満たしてくれるのである。

学芸出版社刊

▽刹那に閉じ込めた永遠の世界

『ジョゼフ・コーネル　箱の中のユートピア』
（デボラ・ソロモン 著 林寿美 太田泰人 近藤学 訳　白水社）

男は69歳でその生涯を閉じた。彼の人生は慎ましいものであった。彼はニューヨークの片隅で自らの理想と憧れを箱に収め、それら夢想世界を永遠化させた。男の名はジョゼフ・コーネル。二十世紀の美術にその名を残す芸術家の一人である。

コーネルは生涯にわたり「箱」の芸術作品を数多く手掛けた。その作品のどれもが古書やポスター、古地図や古切手、女優のブロマイドなどを小さな木製の箱に巧妙に配置したアッサンブラージュ*という技法で制作されている。

*第二次大戦後に盛んになった既製品や廃品を寄せ集めて美術作品を作る手法。

標本箱を思わせるその中には、彼独自の感性と古い記憶に満ちた品々が織りなす小宇宙が形成され、いつか見た夢の続きのように見る者を現実の外へと誘う。コーネルの箱世界に共通するのは静謐と漂う郷愁、そして誰にも触れることが出来ない圧倒的な孤独である。これら作品の持つ世界観の背景には、彼の家族を取り巻く関係が少なからず影響を及ぼしていると考えられる。

コーネルにはロバートという名の9歳年下の弟がいた。彼は先天性の脳性麻痺を患い、生まれつき重度の身体障害があった。母親はロバートを施設ではなく自宅で生活させることを選んだが、それには彼や二人の妹たちの介護協力が不可欠であった。子どもたちは母親から弟を守るためにいつも自分たちが犠牲になるよう躾けられたという。

母親の評価を得られぬまま、多感な少年期に受けたコーネルの孤独感はいかばかりのものだったか。それでもコーネルはロバートに対して強い愛情をもって接していたという。それはロバートが亡くなるまでの五十余年の長きにわたり続いた。

やがて彼は一家を養うため、織物会社での職を得る。過干渉な母親との口論

白水社刊

と体の不自由な弟の介護生活の中で作品を作る発芽となるものに出会う。それらは会社のセールの合間に、時間つぶしに巡った古本屋や古道具屋の一隅で、彼との邂逅を待ちわびていたかのようにひっそりと陳列されていたのである。そこで収集した何気ない古びた物たちは、その後彼の夢見た幻想的な舞台を構成する重要な出演者となった。生活を共にした弟と母親を相次いで亡くした後も、彼は一人自宅の地下室で膨大な蒐集物に囲まれ作品を作り続けた。古びたオブジェと共に、幼い日に家族で観たハリー・フーディーニの箱抜けの奇術や遊園地の鮮やかな飾り、スロットマシーンで遊んだ幸福な記憶と二度と戻れない風景を透過しながら。

彼は箱を一つ作るたび、そのガラスで塞がれた内部に閉じ込めた世界と引き換えに、少年期から抑圧され犠牲にしてきた内なる世界の鍵を静かに開放していったのではないだろうか。しかし真実は誰にも分らない。鑑賞者の傲慢であるが、願わくは彼の孤独が一瞬でも満ち足りた理想へと昇華されたことを祈らずにはいられない。木枠に指先を触れるだけで脆くも消えて行きそうな彼の小さな理想郷は、それほどまでに儚くも美しい。

▽辞書は〝生モノ〟

『研究社 日本語口語表現辞典』
(佐藤友子 松岡洋子 奥村圭子 編集委員
山根智恵 監修 研究社)

「辞書を読む」面白さを知っているだろうか。辞書は「調べる」だけのもので、味気なく、つまらないものと思っていたら勿体ない。有名どころでは『新解さんの謎』でもおなじみ、『新明解国語辞典』は〝個性〟と〝彩り〟に満ち溢れている。言葉の意味が、縦横無尽に体に沁みわたる表現が満載だ。そして、映画化もされた三浦しをん原作の『舟を編む』は、「ひとは辞書という舟に乗り、(中略)言葉の大海原に漕ぎ出す」ために、日々辞書を作る人々のドラマ

を描いたもの。この本は、岩波書店の『広辞苑』をモデルに書かれている。また三省堂の2冊の辞書（『新明解国語辞典』はその1冊）を編纂した2人の男性にスポットをあてた『辞書になった男』は、NHKのドキュメンタリーとして放送後1冊にまとめられたものだが、両方とも辞書の編纂を通して辞書の深遠さを伝えている。

近年刊行された日常の話し言葉を扱った『研究社 日本語口語表現辞典』は、「アラフォー」や「オールで」といったくだけた表現や流行語、若者言葉や、「およよ」（驚いた。）などちょっと古い表現など一般の国語辞典には載っていない口語表現辞典で読み物としても面白い。「意味」の他に「使い方」・「解説」・「表記」・「会話例」が載っており、「解説」の欄では、この言葉は〝高年層が使う〟や〝若い女性が使う〟など年齢、男女の使用差の記載まである。「会話例」もユニークで、「がびーん」（ショックを受けた。）の会話例では、岸本先生が締め切りを勘違いし「ガビーン。締切りって今月末じゃなかったっけ。どうしよう。」とリアルさが小気味よい。さらにその解説には〝中高年層がくだけた場面で使う〟とあり、ん?、私「がびーん」使ってるゼ……、中高年層ってことか！と、まさしく「がびーん」である。また、女性の使用が多い表現として「じぶんへのごほうび」（自分へのご褒美）が挙げられ、解説には「高額の商品を買うための口実」とある。その通り！女性の生態を表現する口語としてはベストチョイス、思い当たる女性は多いでしょう。

付録には省略表現もあり、これがまた面白い！「アニソン」、「サラメシ」等が登場し、「路チュー」の例文では、「まったく。路チューで見せつけなくてもいいのに」なんて書かれていて、「本当はうらやましいんでしょ？」と次の会話が聞こえてくるような、一見色がない辞書の世界に、ぱっと色彩豊かな光が注ぎ込んだ感じである。

言葉は常に変化し、辞書が作られた時点では、すでにその言葉は古くなっていく。また辞書界の革命児で『新明解国語辞典』を作った山田氏は、「国語辞書は間違いのない〝神〟のように崇められ、どんな読者の用途にも応じる〝全能者〟のように捉えられるが、実際はそんなことはない。辞書は人の手で作られている限り、〝個性〟も千差万別なのだ」と述べている。

「辞書を読む」ことは、言葉の移り変わりに思いを重ねて時代を読むことで

研究社刊

あり、言葉によって〝時代を紡ぐ人々〟の情熱と、垣間見える個性と意思を読み解くことでもある。活きた言葉はまさに〝生モノ〟、辞書を片手にお寿司なんていうのも「おつ」(「解説」:高年齢層が使うことが多い)じゃないかしら。

▽あの日以後、残されたものを思う

『あの日、マーラーが』（藤谷治 著　朝日新聞出版）

あの日確かにマーラーが鳴っていた。２０００人ほど収容できるホールを埋めたのは、たったの１００人程度。２０１１年3月11日午後7時半、マーラー作曲「交響曲第五番　嬰ハ短調」第一楽章は、葬送行進曲から始まる。あの日、あのホールにいたすべての人は何を思い、何を感じたのだろうか。

後にこの日の指揮を務めた英国人指揮者ダニエル・ハーディングは、「どうやって演奏したのか、もはやきちんと思い出すことはできません」と語っている。事実に基づき書かれたこの小説は、名称や登場人物、その行動等は架空とされているが、私は先にＮＨＫが放映した「3月11日のマーラー」でこの音楽

会が敢行されたことを知り、ノンフィクションとフィクションが交差し、一気に読み切ってしまった。経験したことのない極度の緊張の中、指揮者ディヴィットも事務局担当の久留米も、楽団員「トラ」の幸山も、聴衆者で音楽評論家の永瀬も音楽だけに集中した。集中せざるを得なかった。「こんな日に演奏会だなんて」、誰もが思っただろうこのことは、人はあまりにも越えがたい現実に直面した時、判断を見失い、空想し、目の前のことを続けるしか方法がないのかもしれない。

定刻より少し遅れて開始された演奏会。第一楽章、演奏家の幸山は、本番良い演奏が出来ればできるほど重石のようなものが胸につかえる。第二楽章、未曽有の災害のあと、この音楽を聴き悲劇的な連想をし、ドラマを作り上げる聴衆者がこの会場にたくさんいるだろうと音楽評論家の永瀬は思う。第三楽章、離婚し八木に戻った雪乃は、永瀬同様に違和感を覚える。「なんでこんな音楽が？　なぜ今、この時に、ここへ至って、こんな……」と思いながら、別れた夫を軽蔑する。第四楽章、この日を楽しみにしていた老婦人すずの隣には、亡くなったはずの夫雄介が彼女の手を握り座っている。第五楽章、指揮者ディヴィットは、誰の力も及ばないような、大きな一致、演奏家を超えたアンサンブルが、ある完璧な肯定が立ち現れるのを感じる。

現実か、それとも夢なのかその境界線すらあいまいで、音だけが唯一の事実であった、あの日、あの場所。それぞれの人生が今ここにあることを確かめつつ、別の場所で起こった別の悲劇を知るのはもう少し後となる。彼らはこの日の演奏会を一生忘れないだろう。だが、あの日に演奏会を開催したことへの批判や戸惑い、そして演奏会に足を運んだことを言えずにいる聴衆者もいるだろう。しかし、ハーディングは、芸術は、人々の感情や状況を理解する助けになり、自分が一人ではないことを再確認させてくれると。芸術とは、その場限りのエンターテイメントには収まりきれない豊かなものを与えてくれるはずだと語っている。芸術が、音楽が人間の尊厳を表現してくれる、また人間たらしめる何かであることを私は切に信じたいと思う。だから、あの日のマーラーが〝完璧な肯定〟の上に響いていたのだと、そう願いたい。

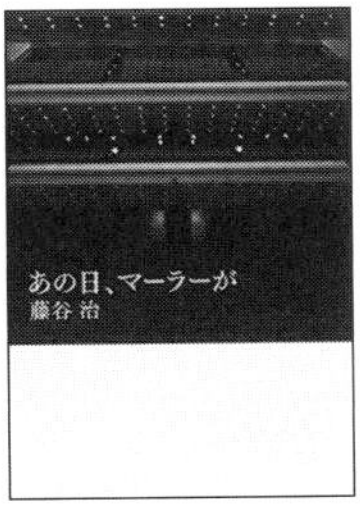

朝日新聞出版刊

▽〈番外編〉平静・調和、精神的なやすらぎと共に

『マンダラ塗り絵』（スザンヌ・F．フィンチャー著
正木晃 訳・解説　春秋社刊）

聖なる円、聖なる輪、古代インドが生み出した聖なる図形。「生命あるもの、生命なきものすべてが世界を構成するためにはなくてはならないもの。意味のないものなど、なにひとつない」、世界は秩序に満たされていると仏の眼から見た世界の構造を表したのが、マンダラ。「丸の中の限られた、しかし完璧な世界。クレヨンの色と私のセンスとアイディアの戦い、共有、調和だ!!」とある日のコメント。とこちらはマンダラといってもマンダラ塗り絵の世界。東洋、中東、ヨーロッパの宗教美術の要素を取り入れて描かれた72枚のマンダラ画に、

思いのまま自由に好きな色をのせていき完成させるのがマンダラ塗り絵。幾何学的な図形が対照的に配置され構成されるマンダラ画は秩序だって美しい。緻密に描かれたマンダラ画を仕上げるのには優に2、3時間を要し、集中力とエネルギーが求められるが、自己の内面を垣間見たような感覚と心地よい疲れが後を引く。

外側に太陽や月を思わせるモチーフと、中央から外へ広がりを持つマンダラ画は地球の断面図のようで、中央のマグマの赤から始まり、海の青、大地の土色とグリーン、信仰の紫と塗り重ねた一枚は、命のうごめきがイメージされ、「生命の誕生とその営み」と命名した。ガルシア・マルケスの『百年の孤独』を読破した直後に色づけした塗り絵は、ブエンディア一族の連綿と続く百年に及ぶ歴史と地球の営みの壮大なイメージが重なったのかもしれない。作品の解説も名づけたタイトル同様、地球のエネルギーを表現したとあり、心の微動に呼応するかのような偶然の一致は、パズルのピースがはまっていくようで悦びがじんわりと体に染み込んでいく。わくわくして、どきどきして面白い。「カ・イ・カ・ン！」である。

春秋社刊

彩色する作業は、一種の瞑想ともいえるもので今の自分の状態を探る自己カウンセリングの要素も持っていて、完成した作品を遠くから眺めて全体的な色のバランスが崩れていると、心と身体のバランスが悪いのかなとか面白味に欠ける！とか、配色が良いと「このバランスなら今の自分はＯＫ」と慮《おもんぱか》ったりする。好きな色を自由に塗る単純だけれども、細やかで忍耐の要るマンダラ塗り絵は、解放と内観の繰り返しのようなもので、スパイラルに上昇するリズムがある。インド密教をルーツとするマンダラ型の図形は、ヒンドゥー教やキリスト教、ケルト文化などにも見られ（『世界のマンダラ塗り絵１００』もあり！）、その精神世界とも相まって普遍的な図形なのだ。また、精神医学界では、自由創作というかたちでマンダラを用いる方法論が20世紀の早い時期から開発されていたらしいし、分析心理学者として有名なユングもマンダラに注目していたようだ。

春夏秋冬、昼夜を問わず、マンダラ塗り絵に色をおく、色彩豊かな時間は、自分と向き合う時間となるのだ。

▽〈番外編〉いつでも来てくれたまえ、メーゾン・ラフィットへ

『黄色い本　ジャック・チボーという名の友人』（高野文子 著　講談社刊）

映るのは、ガラス窓越しに流れる雪解けの雫。彼女の頬に反射するそれはまるで、一粒の涙のよう。「お別れしなくては、なりません。」そう誰ともなしに向かって彼女は呟く。それは彼女の生活に寄り添うように過ごした友人へ、そして自身の学生時代に向けた別離の言葉である。彼女とは主人公、田家実地子。卒業後は就職を考えているものの、自分が何をすべきなのか将来に希望を見出せないままに日々を送る高校三年生。彼女の毎日は穏やかすぎるほど平凡だ。そんな彼女の傍らにはいつも学校の図書室で借りた黄色い表紙の本があっ

た。その本とはロジェ・マルタン・デュ・ガールの『チボー家の人々』。舞台はフランス、第一次世界大戦に向かう混迷の時代を背景に若者たちの苦悩や情熱を書いた長編小説である。そこに書かれる世界とは対照的な静かな時間の中でひたすら本を読みふけるうちに、いつしか物語の登場人物が彼女の日常へと現れ、また自身も本の世界に自らの姿を見出していくようになる。

この「本に読まれる」感覚は、読書好きなら少なからず体験したことがあるのではないだろうか。この作品には小説から引用した文字だけを構図を変えながらコマに表す方法や、読者が彼女の視線で物語の世界と現実世界が交差する瞬間を追体験するような細かい仕掛けがいくつも施されている。登場人物の感情や五感、それらを取り巻く物理的要素などを一つのコマにおいて同時に表現することが可能である漫画ならではの手法により、文章のみでは表しきれない主人公の微妙な感情の揺らぎを伴った読書体験を重層的に表現しているのがとても印象的である。

やがて得意分野を活かした仕事に就くことに決めた実地子は、黄色い本の読み残した頁を捲りながら、これまでの内容を回想する。マルセイユの町やメーゾン・ラフィットに集う友人たちの傍らにはいつも自身の姿があったこと、そして本を読んでいない時でさえ気持ちは友人たちと共にいたことを。彼女は本を読むことで、物語の中の彼らと次元を超えて共に日々を生きたのである。本を閉じた彼女は懐かしい友人たちに別れを告げる。それは現実を受入れ、少女から大人へと移り変わる自身と向き合う決意に他ならない。

　物語の終盤、彼女の父親が黄色い本を買うことを勧める。「好きな本を一生持ってるのもいいもんだと、俺は思うがな。」しかし、彼女はもうすぐ読み終わるからと断り図書室へ本を返すのである。こんなにも思い入れのある本を手元に置かなかったのは、なぜだろうか？ それは彼女にとって黄色い本は既に本という形を超越し、自身の拠り所として心の中に存在しているからなのであろう。生きることと本を読むことが同一線上で繋がる経験は、揺るがない信念を確立するのである。現実への一歩を踏み出す彼女には、まだ見ぬ世界への不安もあるだろう。しかし彼女は一人ではないこと、帰る場所があることを知っているのだ。懐しい友人の声が聞こえる。「いつでも来てくれたまえ、メーゾン・ラフィットへ。」

講談社刊

パートⅢ❖図書館へ行こう
〜インタビュー編〜

改めて「図書館ってなんだろう？」を考える

図書館と一言でいってもその範囲は案外広い。建造物としての図書館、あるいはサービスや機能を含んだ施設としての図書館、はたまた図書館で働いている人、いわゆる司書についてと様々な場面が想定されるからだ。また、公共図書館、大学図書館、専門図書館などに大別され、基本的に設置運営の主体もサービス対象者も異なる。しかし、これらを混同して図書館が語られる場合もあり、働く私たち自身が困惑すると言った具合だ。これはマズい！

そこで、公共図書館、大学図書館など図書館界の第一線で活躍されて

いる、あるいは活躍されていた同業者である司書にインタビューという
かたちでお話を伺いながら、色々な角度から〝図書館を解剖しよう〟と
いう試みである。世代も場所も超越して、「図書館」と「司書」をキーワー
ドに、時には偉大な先輩から、時には心強い同志として考えやアイディ
アを共有し合いながら、図書館の神髄を垣間見ることが出来たと思う。

今回お話をいただいたのは、スピンオフとして「海辺の図書館」館長
庄子隆弘さん、大学図書館からは元東北福祉大学教授 斎藤雅英先生、公
共図書館から新潟市立中央図書館副参事 辰口裕美さんと、日本図書館協
会認定司書第１０８９号大崎市図書館　村上さつきさんの４名。刺激的で
面白いそれぞれのストーリーからは、「図書館ってなんだろう？」を考え
るとき、図書館の可能性や司書としての醍醐味などが実感できるだろう。
さぁ、みんなで図書館へ行こう！

049系バラエティ担当図書館男子

「海辺の図書館」館長　庄子隆弘さん

庄子さんは「アイディア」の人。「図書館体操」なるものをバラエティ的発想で考案した、049系男子。049とは、NDC（日本十進分類法）の総記、雑著に当たる部分で、「雑著に分類される本が好き」という、雑多な中から面白く自分好みのものを発掘するのを得意とする図書館男子。きっと人生もそうなのだろうと想像できる。宮城県仙台市出身、2011年の震災では自宅が被害に遭い、昨年新居が完成。大学卒業後、マスコミ関係の仕事に就くが、調査の際の図書館利用により「図書館ってすごい！」と開眼し、図書館界へ参入。現在、大手書店に勤務しながら、「海辺の図書館」館長、MULU（みちのく図書館員連合）幹事、図書館総合展運営協力員など積極的に本や図書館に関わる取組みを行っている。そんな庄子さんを突き動かしているもの、それは「対抗心」らしいですよ。

▽図書館スピンオフ　庄子隆弘さん

「図書館の可能性とは？」を聞く

「海辺の図書館」とは!?

—色々なメディアから取材があったと思いますが、まず海辺の図書館について教えてください。東日本大震災で大きな被害を受けた荒浜という場所に海辺の図書館はありますね。

庄子　建物も本もない図書館です。モノがないので理解してもらうのは難しいですが、荒浜に来ること自体で何かを感じてもらえたらと思っています。荒涼とした土地だけが残っていて、今は荒浜の歴史を知ることも、人が住む

こともできません。だからここに来た人との出会いや自然との出会い、海とか貞山堀《ていざんぼり》とか、そういった出会いから一期一会の海辺の図書館を体験してもらっています。本を寄贈したいという話ももらいますがお断りしています。立派な建物やモノがあることに、今は必要性を感じていません。

―図書館を無形で表現しているということですね。

海辺の図書館、名前がとっても素敵だと思うのですが、発想はどこからきたのですか？

庄子　震災があって、図書館員として本とか図書館が地域に貢献できることがありそうでなかった。3年間はsaveMLAK*やMULU**での活動をしていましたが、天気のいい日に荒浜で本を読んでいて「あっ、これだ！」と思いました。本を読める環境を作ったらいいじゃないかと。それから、地域やボランティアの人、荒浜を訪れる人に出会って、その考えに触れてこの土地ではそれがしやすいのではないかと思った。ここへ来て、関わりを持って繋がって、「自分の物語を作れる図書館」にできるんじゃないかという思いに向いました。海辺の図書館という名前ですが、活動を始めた当初、MULUで知り合った徳島大学の吉田敦也教授に命名してもらいました。

―2014年6月に海辺の図書館は開館しましたね。これまでどんな活動をされてきましたか？

庄子　開館と言っても当時は建物もなかったので、イベントを中心に荒浜を訪れる人たちと地域を繋げるという活動を行っていました。例えば、お茶っこ

*Museum（博物館・美術館）Library（図書館）Archives（文書館）Kominkan（公民館）の被災・救援情報サイト。200名以上のメーリングリストメンバーを中心とした有志によって運営されている、プロジェクトサイト。

**MichinokU Librarian Union（みちのく図書館員連合）の略称で、2009年7月に結成された東北6県の大学図書館員を中心とした、顔の見えるコミュニケーションの活性化を図ることを目的としたコミュニティ。定例会（「茶話会」）や図書館見学なども行っている。

です。ハンドドリップコーヒーや自家製ミントティーをいれて、ゆっくり飲みながら、震災前の生活や失われてしまった風景などの話が出来る〝場〟作りです。それから、「3・11オモイデアーカイブ」***の方々と一緒に、当時の写真を観ながら、まち歩きをする「3・11オモイデツアー」の企画や運営にも携わりました。どちらの活動も、一見すべてが失われてしまったような地域の過去を掘り起こすことで、〝本を読むように〟地域のことを知り、自然豊かな荒浜の魅力を感じてもらえるような活動を心がけています。

海辺で能楽、海辺の能楽!?

―その他にも、特色のあるイベントもされていますね。

庄子　「能楽の心と癒やしプロジェクト」をされている方からお声掛けいただき、海辺の能楽というイベントを行いました。初めは2015年3月11日で、2回目が昨年2017年3月11日です。海をバックに浜辺で笛と太鼓、それか

*** 2009年設立「NPO法人20世紀アーカイブ仙台」を前身とする、東日本大震災を後世に残すため、資料の収集・保存・活用を中心に活動する市民団体。2016年に「3・11オモイデアーカイブ」と名称を改めて独立。被災した仙台市内の海岸地域をめぐり交流を図る「3・11オモイデツアー」の実施や、定点写真記録集である『3・11キヲクのキロク、そしてイマ。』等の刊行を行い、3・11からはじめる、まちと人のオモイデを記録する。

ら舞。シチュエーションも考えていた以上に良くて、沢山の人が参加してくれました。浜辺の清掃や砂ならしが大変でしたが、スペシャルなイベントになりました。それから、プロのウクレレ奏者に浜辺で演奏してもらったりと、来る者拒まずですが、結果的にウクレレも海とのシンクロ性が高くて良かった。

「第5回東北みらい賞」受賞

―次は、ハワイアンはどうでしょう。さてこの活動は、東北みらい創りサマースクール実行委員会主催の「第5回東北みらい賞」を受賞されました。東北の被災3県の復興に地域で挑む人々に贈られる賞ですね。受賞しての感想は？

庄子　実は、会場に行くまで本当に賞がもらえるのか不安でした。ちゃんとした連絡がなくて、でもそれは審査に必要だったようです。うそではなく賞はいただきました。これまでの活動がある程度認められたという思いでした。

図書館マインドを「海辺の図書館」へ注入

―海辺の図書館で一番印象に残っている出来事は何でしょう。

庄子　今は海辺の図書館として小さな小屋とベンチを置いています。草むしりとか片付けとかそこにいると、誰かが通りがかりに「何してるんですか？」とか「海辺の図書館ってなんですか？」と声をかけてくれる。海辺の図書館ってこれだよね！って思います。人が集まって、次に繋がる場所と位置付けられている、このことが嬉しい。図書館は誰も拒まない場所だし、公共図書館で働いているとき居場所を求めている人は結構いるなと感じました。図書館は心の拠り所でもあり、居場所でもある。私自身の経験ですが、家族が大変な時に図書館という場所を知っていたから命が救われたとも感じました。図書館はそういう場所です。だから、海辺の図書館も人生に疲れたときにフラッときたら、バーベキューしている人たちがいるな、平和だなと感じて、生きるきっかけになり得る場所でもある。こういう人たちの背中を押してあげられたらと思います。

―海辺の図書館で命を考えることは大変意味のあることですね。

今後やってみたいことはありますか。

庄子　海辺で本を読もう！という企画を考えています。思いおもいに海辺で本を読んでいる姿、スマホで写真撮りたくなるし、絵的にいいでしょ？それから、数冊の本をあちこちに置くっていうのもいい。そこに来た人が本によって繋がる、あるいは本のある空間でゆっくり過ごせる場所であってほしい。他には、津波被害のあった荒浜という場所でこれまでの生活や文化、歴史を収集して、共有し、残し伝えていけるアーカイブ機能も必要です。過去の暗い記憶だけではなく、希望の持てる今を発信してそれを蓄積していくことで、それぞれの地域での課題解決モデルになればとも思います。

図書館の未来＝多様性に寛容なこと

―素敵な企画ですね。是非参加したい！館長として今後の図書館や司書の未来についての思いはありますか。

庄子　司書は、蓄積された資料と人を繋ぐきっかけを作ると思います。本だって人が書いたものだから、人と人を繋げることになる。そして、多様性に寛容であること。今求められていることを真剣に考えること。図書館のイメージも変わってきて、ツタヤ図書館や六本木ヒルズライブラリーのような会員制の図書館も出現している。あるべき姿という隠れ蓑で、何かを批判して自分を守るのはもうやめた方がいい。そうなると対話も成り立たなくなるから。

継続すること、それが可能性

―海辺の図書館の存在こそが多様性に寛容な場所だと感じます。ベルリンにある戦争の負の記憶を残すために作られた、本のない「空白の図書館」を訪れたことがありますが、本来あるべきものがそこにないという衝撃と不安は忘れられません。〝何もないことを残す〟という難しい挑戦かもしれませんが、同時に無限の可能性を感じます。海辺の図書館ですが、今後の可能性について最後にお話しください。

庄子　継続することが、未来の可能性に繋がると考えています。そこに生活や文化があり、歴史があった場所として残していきたい。そして、関わっている人が荒浜をふるさとと思える、そういう人が増える〝図書館〟になってほしい。同時に海辺の図書館というフィルターを通して、図書館は面白いところだということも感じてほしいです。

謎のセロ弾き絶滅危惧種 Librarian

元東北福祉大学教授
（図書館学・初級独逸語）

斎藤雅英先生

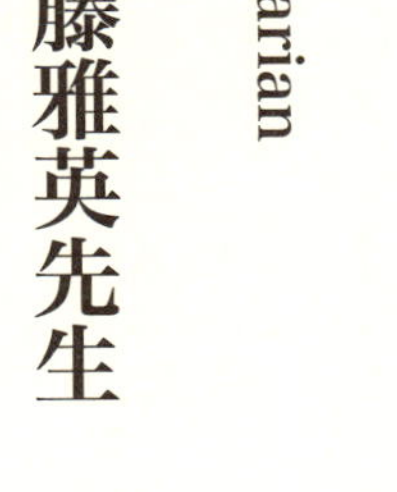

斎藤先生の大学図書館界、特に宮城県とミシガン州（米国）での図書館現場と教壇での活躍は、まさに図書館界のレジェンドと呼ぶべきもの。恐れ多くて簡単にお話を伺うなんて憚られるような人物である。相手を包み込むようなイノセントな笑顔と物腰の柔らかな語りに隠された、鋭い洞察と物言いは昔から変わらない。ドイツでも研鑽を積まれた先生は、白いジャケットに身を包み軽やかに教室に現れる。その授業では、学生それぞれ興味のある分野の書誌作成を課し、一人ひとりに丁寧かつ厳しいアドバイスで教授し、その経歴から学生の間では〝ジェントルマン・サイトウ〟と呼ばれていた（先生、ごめんなさい！）。チェロをこよなく愛し、「一日一善」と家事もこなすスーパーレジェンド。先生のような人物は、きっと絶滅危惧種と言っていいだろう。そして、図書館界を離れた今でも、私たち図書館員の道標となる存在である。

▽図書館界のレジェンド　斎藤雅英先生

「司書の専門性とは？」を聞く

「相変わらず……!?」

―先生にじっくりお話を伺うのは、もしかして講義以来約20年ぶりになるかもしれません。光陰矢のごとしです！ 先生が図書館界を離れられてしばらく経ちますが、まず今の図書館界について思うことはありますか。

斎藤　「相変わらずだなぁ」と言うのが感想です。図書館資料の選定に責任がないこと、大学図書館に限らず館長が図書館の専門職ではないというのが一番の問題です。これは昔から変わっていない、つまり改善されていない、制度も整備されていないということです。それから、未だに公共図書館は、本の貸し借りをするだけの場所と思われている。それは、日本では図書館を使う訓練をされてこなかったから。と、総合的に見て、日本では図書館員の専門職制の確立はまだまだ遠いと言わざるを得ない。

—「相変わらず」で始まりましたが、先生の辛口も健在のようです。図書館の置かれている環境は進展していないということでしょうか。

さて、先生はアメリカでの職務経験も長いと思いますが、実際にはどのようなことをされていたのですか。

斎藤　１９７０年代に蔵書評価の手伝いで二度行き来してから、足掛け12～13年をミシガン大学アジア図書館と日本研究所で過ごしました。それぞれの部門に原則ネイティブの言語、文化を持つ人が採

用されます。図書館での主な仕事は、若手の人事と予算管理的業務の他は、日本語の日本に関する図書館資料を選定し、レファレンスサービスをすることです。研究所では、書誌類を中心とする日本語のレファレンス・ツールの利用指導です。研究者が必要とする資料、専門的で特殊過ぎない資料で、かつ日本研究に無くてはならない資料の収集です。様々な分野の研究者、学生がいて、例えばＮＤＣの４門と５門を特別な場合として、その他の全主題範囲の多岐にわたります。『出版ニュース』や『古書通信』、引用文献やＬＣカード（アメリカ議会図書館作成の目録カード）、『日本全国書誌　週刊版』などありとあらゆる情報源を使って選定しました。言うまでもなく責任が問われる仕事です。もし必要な資料がなかった場合、業績評価のマイナスに繋がります。

図書館員としての「専門性」には、調査・研究能力が基盤

―業務評価ですか。評価する側にも能力が問われると思いますが、実際どのように評価されたのでしょう。

斎藤　研究者や各研究学科の学生によっても図書館員は評価されます。「必要とする資料は提供できたか」、「情報提供に誤りは無かったか」、「宿題の出し方など、指導は適切だったか」など、謝りの際の口のきき方についてなんかもありましたよ。それから、自分のテーマの調査・研究に充てる時間も与えられていましたが、どんな論文を書いて、どこで発表したかなども評価の対象です。評価は30項目ぐらいあり、図書館長が任命する、専門職館員数名の委員会でそれらを評価します。それが昇格、昇給に直結する。やりがいはありますが、かなりシンドイものです。図書館員としての専門性と、研究対象の専門分野を持つ事は必須で、とにかく、専門性の追求に関しては徹底しています。これらは、設定された一定の勤務年数を基に、自己申告で始まる人事考課（昇格判定）で、厳しいものです。それほどでなくても、毎年行われる業務評価（昇給判定）がありあます。これは年度頭初に設定した目標の達成度判定で、主に上司との間で行われます。

――日本の大学図書館の状況とはかなり違いますね。アメリカの図書館員は、各学部を卒業してから、専門性を活かして大学院で司書資格を取るというのが原則です。日本では短大や大学で司書資格が取れますから、専門分野と言っても自分で模索し、開拓するしかないというのが現状ではないでしょうか。そう考えたときに、図書館員としての資質とは何でしょうね。

斎藤　司書の養成課程を見ればわかるけれど、専門職なのに実習が必須ではないという状況があったり、*図書館の勉強に入る基礎要件がバラバラです。現在、日本図書館協会がやっている「認定司書」**がある程度専門性を保つ役割を果たしているとは思いますが、認定司書に認定されたからといって、処遇には直接関係してこないのでしょう。日本の場合、個人の犠牲的努力によって資質を高めることが当たり前になっていますが、限界があると思いますよ。

図書館界から政治家を！

＊２０１２年度から大学の「図書館に関する科目」の選択科目に「図書館実習」が加えられた。２０１６年度調査の大学司書課程における「図書館実習」の開講状況は、約40％となっている。

＊＊「日本図書館協会認定司書審査規程」によれば、〝司書の専門性の向上に不可欠な図書館の実務経験や、実践的知識・技能を継続的に修得した者を、理事長によって指名された審査会が審査し、公立図書館及び私立図書館の経営の中核を担いうる司書として公的に認定する〟もの。日本図書館協会において

――確かに、個々人の努力次第というところはあります。それぞれの志いかんによって、仕事への向き合い方や資質向上への態度が異なりますが、志という不安定な土台の上に成り立っているのは確かです。どうすればいいのでしょうね、何かよいアイディアはありませんか。

斎藤　アメリカ同様とは言いませんが、日本の図書館員が責任のある、専門的な仕事ができる環境の整備が必要です。そのためには、公共図書館について言えば、自治体の議会や首長、教育長レベルでの図書館の存在意義の認識共有や、各自治体の将来構想等の中で図書館を学校や病院と並んで社会のインフラの一つとして考えなければならないと思いますよ。先進国であるならば図書館も行政の一部としてそれなりの機能を果たすべきでしょ？　これは国家レベルの問題です。制度改正が必要ですよ。なんなら図書館界から政治家を出す！というのはどうだろう。そうすれば制度改正も可能じゃないかな。と言っても私はダメですが、政治家向きの図書館員が出てこないかなぁ。

２０１１年に第1期認定を行い、２０１７年の第7期まで１３５名が認定されている。有効期間は10年間であり、認定司書であり続けるためには認定更新の審査を受ける必要がある。

—政治家ですか、面白いアイディアですね。でも実際には難しいかもしれません。ということは、やはり個人の努力次第ということになるのでしょうか。暗雲が立ち込めている感じがしますが、気持ちを切り替えて、ズバリ図書館員としての心構えを教えてください。

斎藤　勉強すること！　それしかないです。一つのテーマについて長期間にわたって、調査・研究を行うことです。調査・研究能力は基礎になくてはならないし、結果はどうであれ、自分で経験していないと資料の収集にせよ、分類にせよ、レファレンスにせよ責任を持って利用者に情報やサービスを提供できないと思いますよ。目に見えないですけどね、大事なことです。私のテーマの一つは、幕末の日本から欧州へ使節団が行きましたが、その中にグリム兄（『グリム童話』の編集者で言語学者）を訪問した日本人が数名いました。それが誰なのか、そしてどんな話をしたのかを調べています。周辺の日記を読んだり、当時の現地の新聞を読んだりしていますが、名前もその時の話題のヒントも全く出てこない。きっと、通訳として同行していた福沢諭吉と箕作秋坪《みつくりしゅうへい》あたりが関係しているとふんでいますが、まだ何も証拠は見つかっていない。これを通して、大槻文彦の『言海』とグリムの「独逸語辞典」、つまり仙台とベルリンを結び付けることが出来たらと思っていますが、日暮れて道遠しです。

―はい、肝に銘じて勉強します。

ドイツにも学術交換奨学生として滞在されたこともありますね。

斎藤 世界的な社会改善活動としての学生運動の中で、仙台でも学園封鎖が起きたころの1969年から一年チョッとの間でした。第二次世界大戦で2500万冊もの蔵書を失っていたドイツ国内に、終戦後数年にして、共同収集の機運が起き、学術分野を100以上に区分して、大学図書館を中心とした学術図書館に、それぞれの残存蔵書特色などを考慮して主題分野を割り当て、資料収集を分担し、必要な資料は少なくとも一部は国内に確保する狙いの収集と、全国総合目録の維持管理と、図書館資料請求票と資料現物の搬送という三側面で、ein-Buch-Idee (one-book idea) に基づき組織された全国図書館間相互協力活動は完全に軌道に乗っていました。隣接の図書館学校に席を置きながら、授業の合間を縫って、この相互協力活動を先導する中核のケルン大学図書館で、前述の収集目録搬送の三部門を忙しく飛び回りながら実習指導を受けつつ、実態を調査したのでした。身近の図書館に申し込めば、後刻、後日、何処からともなく、自分が必要とする資料が利用者に届く仕組みです。このような全国規模の図書館間相互協力活動は、日本の図書館では、未だに、日常的には動いていないでしょ？

〝次世代〟は近視眼的!?

—ないですね。ドイツの取組みを初めて知りましたが、歴史のピースを集める努力、国全体で〝歴史のリース〟を作りあげる取組みを行ったのですね。次の世代への遺産を継承するという根気のいる作業のように思いますが、次世代の図書館員へのアドバイスはありますか。

斎藤　ある図書館のワークショップで「次世代型図書館」をテーマにしてのものがありましたが、図書館って次世代だけに受け継がれるものじゃないでしょ。図書館は世代を超えて情報源を伝達して、持続していくものだから、〝次世代〟とは近視眼的だと思います。文化を継承するということは、もっと長いスパンでの視野が絶対に必要です。だから、最近流行り？の娯楽型複合施設の一部に嵌めこむ公共図書館づくりには違和感を覚えます。

――色々お伺いしてきましたが、最後に一つだけ。
図書館の未来についてお聞かせください。

斎藤　明るいですよ！だってスタート地点が低いからね。改善の余地が広く大きい。先ほども言ったように、国レベルでの図書館環境の整備も必要ですが、これから図書館で働きたいと思ったら、国際化の時代ですし、日本の図書館界にこだわる必要もない。チャンスがあれば、機会を狙って外に出て仕事をするなり、腰を据えてジックリ勉強して来るなり、とにかく若い人々にはいっぱい光がさしていますよ。そして、〝図書館は人〟だということを忘れないで。

「狐の〝衣〟を借る虎!?」、図書館トップセールスレディー

新潟市中央図書館サービス課　副参事

辰口裕美さん

柔らかで楚々とした佇まい、初めてお会いしたのにもかかわらず、垣根を全く感じさせない雰囲気と語りが印象的。さすが、図書館トップセールスレディー！ 足で稼ぐデキる営業マンのごとく、体を張って地域へ図書館を売り込む姿は、獲物を眈々と狙う、狐の衣をまとった、密やかな虎と言ったところ。最近では外回りもままならないそうだが、内なる図書館サービスへの情熱はマグマのごとし。

東北福祉大学在学中の図書館アルバイトが、司書となるきっかけとなったかは定かではないが（本人談）、卒業後、当時新潟市で10年ぶりに行われた司書専門職の行政試験を受け、見事採用。そんな彼女のマストアイテムは、A5サイズの分厚いスケジュール帳。きっと、びっしり書き込まれたスケジュール帳片手に、今日も次なる作戦を練りながら、虎視眈々と実行の機会をうかがっているに違いない。先輩、次の獲物は何ですか？

▽図書館トップセールスレディ　辰口裕美さん、「図書館サービスとは？」を聞く

顔の見える関係

—一昨年刊行の『魔女っ子たちの図書館学校』（郵研社　２０１６）では、営業マン顔負けの図書館セールス作戦をされている様子、大変感服いたしました。坂井輪図書館で3年間館長をされていたとのことですが、その時のお話を聞かせてください。

辰口　まず、坂井輪図書館は新潟市の西区に位置する図書館です。建物の耐震化工事に合わせて、平成26年に西区の中心図書館として機能を強化してリ

ニューアルオープンしました。オープンのタイミングで館長になりましたが、やはりオープンという絶好の図書館アピールチャンスですので、思いつくことは色々とやりました。実を言うと、図書館は本を借りるだけの施設というイメージを払拭したかったという面もあります。図書館の多様なサービスの認知度を上げるためにも、地域の人たちに図書館を知ってもらうためにも、こちらから仕掛けないと！　出向いていかないと！と、体が動いていました。

―それが、民間団体などへの貸出の制度拡充などにも繋がったのですね。

辰口　それも取組みの一つです。民間団体への本の貸出は、団体貸出制度を活用した民間団体との協働モデル事業で、坂井輪図書館がモデル事業として市内の図書館に先駆けて実施しました。これまで、学校や保育園、読書グループなどに

対して行ってきたことですが、このモデル事業では企業や個人商店などに対象を拡大して、お客さまとのコミュニケーションや、病院、お店の待ち時間などに図書館からの本を活用してもらおうというものです。1か月単位でテーマを変えて、最大100冊まで貸出します。これまで、雑貨店やカーディーラー、塾、結婚相談所にも提供しました。北欧雑貨を販売するお店には、マリメッコや北欧の風景の写真集などを、塾には職業教育や科学の本、絵本などを提供しました。貸出先にはできるだけ顔を出して、図書館だよりをお届けしたり、利用状況の確認や御用聞きをしたり。とにかく「顔の見える関係」になりたかった。信頼を築くためには大切なことです。他にもこちらから出張という形で行ったのが、商店街活性化の一環としての地域のお祭りに出展（店？）して本の貸出をする「おでかけ図書館」です。貸出だけじゃつまらないので、塗り絵やしおりも作りました。参加者にはアンケートをお願いして、協力してくれた方にはブックカバーなど記念品をプレゼントしました。これは区内にある新潟大学の学生がデザインしたものなんです。

「来なければ、こちらから行けばいい！」

――民間団体への本の貸出は、新潟市の図書館全館で昨年10月からスタートしましたね。新たな試みが評価されたということでもありますね、素晴らしいです。この他に、地道な活動によって〝山が動いた〟というようなエピソードはありますか？

辰口　地域の住民自治を考えようという区ごとの自治協議会というものがあります。地域ごとのコミュニティ協議会の代表や、学識経験者、学校関係者、地域の教育コーディネーターなどが集まって毎月開催されます。区長や区役所の職員、公民館館長も参加して毎回50人ほどが参加します。図書館も住民の生涯学習を支援する立場ですし、西区の一員として仲間に入れてほしかった。図書館が「地域の課題解決に役立ちます！」と言っていても、その地域課題を話し合う場に、図書館が入っていなくてどうする？という気持ちでした。そこで、傍聴というかたちでほぼ毎回参加しました。それが功を奏して、昨年の４月から自治協議会に坂井輪図書館として席をもらえるようになりました。私は残念ながら昨年度から中央館に異動になりましたが、図書館として住民自治に少しだけですが関われるようになったのです。

前述のモデル事業も全市に拡大して、本格的に実施することになりました。地域のお茶の間や子ども食堂、自治会館など、人の集まる場所に本を届けています。

—おお、その功績は大きい！ 図書館の存在意義が評価された大きな一歩とも言えます。「顔の見える関係」を築くことで、着実に関係性を深めてこられた結果ですね。辰口さんの屈しない、愚直ともいえる姿勢は昔からですか？

辰口　う〜ん、どうだろう。大学時代はもったいないから取れる資格は全部取ってやろうとは思っていたかな。ただ、昔から人と感覚が違っていて、長いものに巻かれたくないという思いはあった。最終的には巻かれっぱなしですが、そこにいる集団とは同じことをしたくない、違うことをしたいという気持ちはありました。

――人と違うことをするってエネルギーが必要ですよね。そういったアイディアは〝降りてくる〟ものですか。

辰口　降りてくるというより、周りとの会話からヒントをもらうことが多いです。私アイディアマンではないので、他の人の言葉からいいなって感じたことを膨らませていくと言う感じです。それから、入浴中とか、トイレに入っているときとか、布団の中とかリラックスしているときにアイディアがふくらみますね、実現に向けての方向性など。でも、次の日には忘れていることも多いけど。

批判も多いツタヤ図書館ですが、１００％いいとは言えないけれど、参考になるアイディアは多々あると感じます。これまでの図書館の牙城だと思っていたことを、図書館で働く者にとって反省を含めて見直すきっかけとなったことは確かです。利便性を図って３６５日9時から9時までの開館であったり、図書館を地域活性化の一つの手段としてとらえる着眼点であったり、気持ちの良い空間の追求など、アイディアと実行力はあると思います。ただ、原則無料という公共図書館で、民間企業と同じサービスができるかといったら、それは悩みどころです。

図書館サービスは∞

―ツタヤ図書館の話題が出ましたが、エンタメ性を含んだ図書館の発信力やコーヒーを飲みながら本が読めるなど図書館の堅苦しい雰囲気が緩和されたことへの貢献度は高いといえるでしょうか。そこでですが、図書館サービスの可能性についてはどう考えられていますか。

辰口　サービスはやろうと思えばどこまでもできます。ただ、実際どこまでサービスをするかですね。税金を使ってどこまでやるかが難しいところです。公共図書館は社会教育施設の一つです。サービスの基本に、地域の学習支援、生涯学習の保障といった側面があって、その対象者は広範囲で、まさに〝揺りかごから墓場まで〟と言えます。新潟市では、平成23年4月から新潟市在住の1歳児とその保護者を対象に、絵本の読み聞かせの楽しさを体験してもらうために、絵本を1冊プレゼントするというブックスタートを行っています。アンケートでは、「ブックスタートが絵本を読んであげるきっかけになった」と多くの人が答えています。本を読むきっかけを作り、それを継続できる環境やサービスを提供すること、それから社会教育施設以外と連携、協力することでサービスの幅も広がります。

また、各世代や生活環境などにより、利用者それぞれの興味のあり方も様々ですので、図書館への需要を丁寧に拾いつつ、利用者と図書館がお互い気持ちよく、よい関係を築かなければなりません。それには、図書館の敷居は低くする一方で、利用者にも利用方法やマナーを考えてもらいたいと思います。これからの図書館で必要なのは、社会的弱者といわれる人たちへの支援や、高齢者にはいつも元気でいてもらえるようなサービスなど、居場所であったり、人と繋がる場なのではないかと考えています。高齢者向けの18禁（18歳以下禁止）

コーナーを作りたいんですが、難しいかな。

人と向き合うこと、そして私たちが「変わる」こと

—公共図書館はサービス対象者が広範囲で、サービス内容も多岐にわたりますね。利用者とサービスを繋ぐコーディネーター的役割も求められるでしょう。司書とはどんな仕事で、どうありたいと思いますか。

辰口　教わったことですが、図書館は民主主義の砦です。ですから、司書はそれを意識しなければなりません。それから、人付き合い！　私たちは本ではなく、人と向き合っています。本と人、建物と人、サービスと人、それらを繋ぐ役割があります。それから、私たち公共図書館の職員は、市や区の職員という顔と、図書館司書としての顔の二つの顔を持っています。図書館サービスは、現在、そして未来の市・区民のために提供しているわけなので、どちらの顔も重要ですが、区の一員であるという気持ちをしっかりと持たなくてはいけない

と考えています。

―図書館は民主主義の砦という根源的な見地から、図書館のジェネラルなサービスと、司書という職業を俯瞰し追求し続けることが大事だということがわかります。この視点があるからこそ、その時の流行や一過性のブームに流されない、一貫した長期的なサービスが提供できるということでしょう。司書という仕事は、利用者の幸福の追求に対して、真摯に向き合う立場でなければならないと感じました。

では最後に、図書館や司書の未来とは？　どうでしょう。

辰口　私たち司書が自ら固定概念を払拭していくことで、周りを変えていくエネルギーが生まれます。目録業務やレファレンスは、ある程度コンピューターで代替可能ですが、人と喋って、その気持ちをくみ取ることは人にしかできないでしょう。人は人と話したいのではないかなと。利用者の居心地のよいサードプレイスとして、図書館という場所と司書という人材が存在していきたい。そして、図書館は民主主義の砦ですから、誰もが無料で情報にアクセスでき、自分で情報の取捨選択をし、自分の将来を出発点に、地域や日本の未来について自由に考えることができる場でありたいと考えています。

図書館にトキメキ、図書館ロマンを追う、放浪型図書館女子

宮城県第一号認定司書
大崎市図書館

村上さつきさん

図書館にトキメいて、司書となり図書館を渡り歩き、認定司書となり新館計画までも担うという、働く地域も環境も物ともせず、「こうと決めたらどこまでも！」と男前でタフな一面をもつ放浪型図書館女子。ほんわかとした雰囲気のなか、芯の通った図書館論には、思わず惚れてしまいそう。趣味のカフェめぐりでは、新たな女のロマンを探し求めているのかもしれない。自分との対話、本との対話、図書館との対話、利用者との対話をたゆまず続けてきた人ではないかと思う。だから相手に〝響く〟ものを提供できるのだろう。第二次ベビーブーマーの私たちと同世代、かつ本が乱れていると揃えたくなるという職業病も同じく発症している。彼女のさらなる進化が、図書館に新たなロマンを吹き込んでくれることだろう。

▽はばたく認定司書第1089号　村上さつきさん

「認定司書とは？」を聞く

第一号かつオンリーワン、認定司書

—東北でも数少ない認定司書ですが、村上さんは宮城県第一号でかつ唯一という貴重な存在です。「カッコいいなぁ」とミーハー的な感覚で遠くからその動向を伺っていましたが、他にも私のような人がいるかもしれませんよ。認定司書になられた理由を聞く前に、なぜ司書になったのかを教えてください。

村上　当時、実家のある青森県内の一般企業に勤めていましたが、営業所が1年後に閉鎖されることになり、改めて自分の人生を考えました。そこで浮上したのが司書の資格です。子どもの頃、学校図書館には恵まれていなかったんですね。中学校の図書室は、ピアノが置いてあって誰でも自由に演奏できる状

況で。働き始めて余裕が出てきた頃、青森市に新たに青森市民図書館が出来たのを機に足を運ぶようになりました。本を検索して探しに行くんだけど、棚を見ると面白くて。探していた本以外も気になって、自分の世界が広がる感じがしました。全く新鮮で幸せな感覚。「図書館っていいかもしれない！この世界を知っているのと知らないのでは人生が全く変わる」、直感でした。そして、図書館に関わる仕事がしたいと思ったのです。

―その直感が、今の村上さんを作った原点ですね。資格を取られた後は、順調に図書館畑を歩かれてきたのですか。

村上 まず、青森市の図書館で業務委託という立場で勤務しました。業務委託ですので、自治体側と事業者側での細かいルールが存在します。職場環境としては正規職員の方たちとも仲良くしたほうが良い運営が出来ると思うのですが、規則で禁止されているというジレンマと、結果的に業務が好転しないという状況がありました。そのあと、東京の公共図書館で直接雇用の非常勤職員として8年程勤務しましたが、常勤職員、非常勤職員、委託スタッフが混在するという環境でした。自治体採用の常勤と非常勤の司書資格の保有率は約10％対100％でしたし、勤務年数の逆転も当然のように起こります。レファレンスに関しては、非常勤が新たに配属された常勤に研修を行うこともありました。図書館のことや利用者のこと、知識や経験の蓄積が要求されることに関して非常勤の方がよくわかっていましたから。しかし、クレーム対応などすべてに責任を負うことは出来ませんし、働いている場所も向かう方向も一緒のはずなのに、立場の違いでお互い理解し合うのが困難だったこともあり、ジレンマを感じていました。

認定司書としての責任

―その後、大崎市図書館の新館計画の段階から採用され、新たな挑戦が始まりましたね。大崎市を受けようと思ったのは、やはりそれらのジレンマを感じていたという理由もあったのでしょうか。

村上　正規職員として働きたかったからです。「こんな図書館にしよう！」と将来的な展望を見据えての図書館方針や計画が立てられるのが正規職員だから。図書館の未来や将来を考えられるということは、とても魅力的です。

――『認定司書のたまてばこ』（郵研社　２０１７）の中で、「覚悟を持って仕事に打ち込みたかったから認定司書を取ろうと思った」とありましたが、大崎市で働き始めてから取得されましたね。

村上　私が不安定な身分にあっても司書を続けてこられたのは、司書という仕事にやりがいを感じていたからです。非正規だといつまでも働けるという保証はありません。認定司書は業界内でも賛否両論ありますが、一定の条件をクリアしてその肩書きを持つことで、「図書館に恥ずかしいものを絶対に出せない！」という覚悟と責務を意識しました。取得したのが、新館計画の真っ最中でしたが、認定司書を取ったからといって、司書よりも優秀だとか、優遇されるとかそういった証でもないですし、認定司書でなくても素晴らしい仕事をされている方もたくさんいます。ただ、認定司書の作った図書館、認定司書がいる図書館とみられた時に、やはりそれなりの責任が伴うのは当然だと考えています。

—自身へのプレッシャーですか。司書という仕事に可能性を感じているからこそできることですね。資格を取られたときの周囲の反応はどうでしたか？

村上「うわっ！」と驚かれたかな。それ以外は特にはなかったです。認定司書は現在全国で135名しかいません。私が取ったことで、周囲の人たちにもどんどんチャレンジしてもらうきっかけになればと思います。特に非正規の方には、自分から視野が広がるような挑戦をして、自信を持って仕事に取組んでほしいから、積極的にチャレンジしていただきたいです。それに、雇用時の強みになるかもしれませんからね、そうなってほしいですが。

図書館は置いてあるもので決まる

—昨年の7月20日に大崎市図書館はオープンしました。かなりの盛況ぶりで、排（配）架も追いつかない状況だそうですね。オープンにあたって、大変だった点や気を配られた点など教えてください。

村上　これまでほとんどの市民は図書館を利用していませんでした。利用登録率は人口の1割程度で、約9割の市民が利用していない状況でした。しかし、オープンとなると、その9割の市民が足を運んでくれる可能性は大きいわけです。最大のチャンスですよね。だからその時が勝負どころで、「図書館って使える！」「図書館って面白

い！」と良さを発見してもらわなければなりませんから、初めて来る人たちに、響く棚を心掛けました。それから、従来の利用者にも、「やっぱり良いね」と言ってもらえることももちろん重要ですから、両方のバランスに考慮したつもりです。選書もそうですし、棚の並べ方もそうです。

―具体的にどのようなことをされたのでしょう。

村上　選書に関しては、現物での選書を広げたかったので、業者に頼んで持ってきてもらうだけではなく、東京や仙台の書店へ行って自分の足で探しました。東京の大型書店に出向いたときは、2日間朝から晩まで書店に入り浸って、冊数にして1500冊ぐらいですかね、新刊本以外にも足りない基本書なども一冊一冊選びました。図書館の棚にある本に魅力が無かったら利用者は手に取りませんから、選書は重要です。図書館は置いてあるもので決まります。基本書と実用書の硬軟のバランスを考えた幅広い蔵書を心掛けましたし、県立図書館との住み分けも念頭に置きました。他には、本が探しやすいように並べ方にも配慮しました。これまで単純にNDC順に並べていましたが、実用書のコーナーを設けたり、幅広い分野の本があることを知ってもらいたいので、棚の見せ方も工夫しました。これら総合的に考慮し準備しても、なお魅力的な響く棚にするには、日々の研鑽が必要です。

「〝魂〟は細部に宿る」

――「図書館は置いてあるもので決まる」ですか、名言ですね。その他に、図書館のサービスで力を入れている点はあるでしょうか。

村上　新しいサービスとして、障がい者サービスの充実が目標です。旧館には障がいを持つ方たちは来館しづらい状況があったので、障がいのあるなしにかかわらず、広く利用者に使ってほしいというのが私たちの考えです。要望もあり、視覚障がいのある方にも図書館にどのような本が並んでいるのか自身で歩いて体感できるようにと思い、試行的にですが、棚の脇に大きな分類の点字を付けました。「期待していなかったけど、使えるかも」と良いリアクションももらいました。あとは、図書館2階にティーンズフロアを独立させました。2階がティーンズだけで大丈夫か？という意見もありましたが、一番本離れ、図書館離れが加速する年代ですから、彼らの居場所という意味合いも込めてそうしました。幸い図書館の構造上、一般書架を通って2階に上がるので、他の利用者の視線も感じながら行きますし、話をすると理解してくれるので、今のところ問題はありません。

―選書方法や、フロアの使い方など丁寧に力を注がれた様子が伺えます。それらのアイディアやセンスはどこから来るのですか。

村上　わたしもセンスはほしいぐらいで、買えるといいのですけどそうはいかないのでね。良いと言われる図書館など、できるだけ見学に行きます。ただし立派な図書館を作ったらそれで万事ＯＫというわけではなく、その市や町に合ったサイズや形、機能があります。周辺に図書館が存在するかとかサービス内容などの状況も関係しますし、〝良い図書館〟は状況や環境によって様々ですから、百様の良いがあることを理解しないといけない。人によって響くところが違いますし、一つひとつの選択や判断など小さなことの積み重ねに尽きると思います。「〝魂〟は細部に宿る」と言いますし。大崎市図書館の場合、地方紙の夕刊を意識的に購入し始めました。この地域は、夕刊を一般家庭には配達しないので、家庭で出来ないことは、図書館で出来るよという差別化をしています。小さなこと、細かなことですが、こういった配慮が大事ではないでしょうか。

司書とは好奇心！

―利用者に喜んで貰える図書館を作るには、見えない細やかな努力が幾重にも重ねられているのですね。繊細な仕事でもあります。認定司書である村上さん、ズバリ司書とはどのような仕事だと思いますか。また、どのような司書でありたいとお考えですか。

村上　利用者の世界を広げるための手助けをする仕事だと思っています。人と資料を繋ぐだけで終わりではなくてね。すべての利用者に直接関わってお手伝いするのは難しいので、感じ取ってもらえる図書館、棚を作っていくことも重要です。それから、司書として好奇心を無くさないようにしたい！　新しいものは次から次に出てくるし、流行にも敏感でいたいし、新たな挑戦もしていきたいです。未知なるものに好奇心を持っていたいです。

―では、最後に図書館と司書の未来についてどのように思われますか。

村上　明るいといいなと思います。正規、非正規問わず、司書をあきらめないで頑張っていきましょうと言いたいです。そうすれば、明るくなるんじゃないかな。それから、公共図書館と出版業界の間で、新刊本を貸し出すことの是非が議論になっていますが、共存が大事かなとも思います。それと、公共図書館が一時的な流行で終わってしまうのでは困ります。某図書館がきっかけで今図書館に関心が集まっていますが、これを機に色々な図書館を見て知ってもらい、その重要性に気付いてほしいです。そうすればこれからの図書館は明るくなるのではないでしょうか。

あとがき　その1

「図書館で働きたい」最初にそう思ったのはいつの頃だろう？ 記憶を辿ると小学生の頃の図書係での経験に行き当たる。当時、カウンターでの本の貸出と返却は二人一組で行っていた。クラスが異なる係員と一緒になることが多く、内気すぎる性格（今では考えられないが）のせいで、上手く話しかけられないこの時間が少し苦手だった。しかし、次第に手にした本がきっかけで話が弾むことが増えていった。「あの本、続きもう入ってきてるよね？」「これ、教科書に載ってた詩だよ。書いた人の写真、若いね。」など、話したことが無い相手でも本の話題となると不思議と自然に話が出来た。「私、自分の言葉でちゃんと話せてる！」この時感じた本の楽しさを人と共有する喜びは、自身の読書観を大きく変えた。そして、人と人とを結び付ける場である図書館がとても魅力的に映ったことを今でも宝物のように覚えている。

今回本書を執筆するにあたり、子どもの頃に感じたような「図書館の魅力」を多くの人に知ってもらいたい一心で言葉を綴った。パートI「図書館へようこそ」では、図書館学の父であるランガナタンの『図書館学の五法則』に沿って図書館での日常の仕事と私たちのつぶやきを、パートⅡ「図書館でビタミンチャージ」では、NDCに基づいて選んだ本のブックレビューを「心にビタミンを」との思いで綴った。そして、パートⅢでは図書館界で活躍する方々から図書館に対する想いや貴重なお話を伺い、きっと図書館へ行きたくなるだろうことを予感して「図書館へ行こう」と題してインタビュー形式でまとめた。

アメリカの図書館学者 Jesse H. Shera が自著〝Introduction to library science〟の中で、統一された知識のもとにコレクションされた図書館の蔵書を花輪（garland）に喩えたように、色鮮やかな草花で編まれた花輪に私たち司書の想いを込めて表紙絵とした。一朝一夕には成長し得ない植物のように、撒いた図書館のタネは、やがて根を伸ばし本と人とを結び付ける。魅力に溢れた花々が咲く姿を思い描きながら、これからも日々経験の土を耕し、知識の水を与え続けていきたいと思う。

お忙しい中、快くインタビューに応じてくださいました、庄子隆弘さん、斎藤雅英先生、辰口裕美さん、村上さつきさん、執筆内容について多くのご教示をくださいました大島真理先生、そして、今回、企画をいただき本にしてくださった郵研社の登坂和雄さんに心から感謝とお礼を申し上げます。

斉藤　由理香

あとがき　その2

大学図書館に勤めて早20年近くになる。その内の5年半は教務課で教育系の学部を任されていた。学事的なことや、学生との密な関わりなど、充実していなかったと言えば嘘になる。しかし、日々消耗する仕事に辟易していたのも事実で、実は教務課時代のある年のクリスマス、同僚に「デートか」と冷やかされながら休暇を取り、図書館の就職試験を受けたことがある。なぜ図書館？　なぜ司書？　それは、日々の積み重ねが実を結ぶ仕事だからだと思う。小さなピースとピースが結び付いたときの喜び、「魔女」のような嗅覚が功を奏したときの面白さ、そして、自分を表現できる場所だとわかっていたから。

3年前、大島真理先生から魔女シリーズの第7弾として、『魔女っ子たちの図書館学校』への執筆の話をいただいたとき「面白そう！」と飛びついた。大島先生の司書としての姿勢は、学生の頃から常に私のモデルであった。仕事の面白さや難しさを教授してくれたのはもちろんのこと、本格フレンチにはじめて連れて行ってくれたのも、本場チーズフォンデュの美味しさを教えてくれたのも先生だった。今回は企画の段階から原稿のチェックに至るまで、またインタビューの会場としてもご自宅を開放していただいた。さらに、恥ずかしいぐらい素敵な「はじめに」も書いてくださり、先生の支えがあったからこそこの一冊が完成した。心から感謝申し上げます。

インタビューに協力してくださった、庄子隆弘さん、斎藤雅英先生、辰口裕美さん、村上さつきさん、貴重なお話をいただき、愉しく充実した時間を共有できたことに、この場を借りてお礼申し上げます。また、新たなチャレンジの場をくださった郵研社の登坂和雄さん、危なっかしい私たちを終始あたたかく、辛抱強く見守ってくださったことに感謝いたします。

二〇一八年一月

八巻　千穂

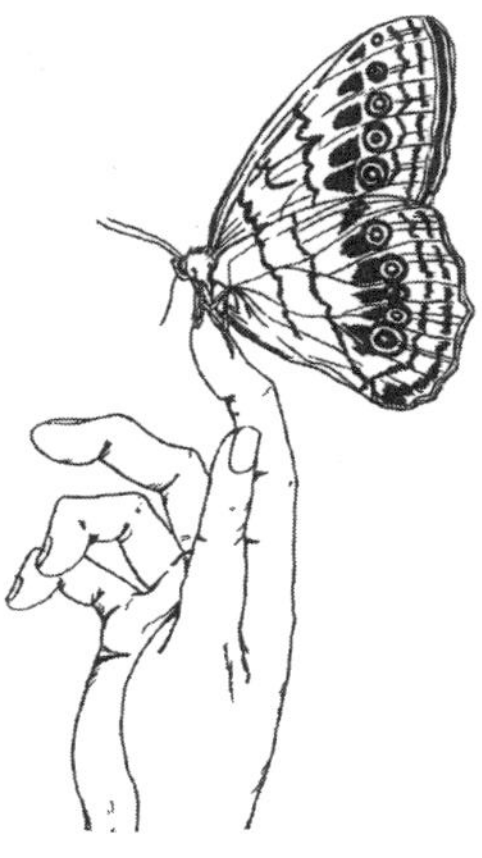

ナ

ハ

マ

ワ

その他

索　　　引

著者　八巻千穂（やまき　ちほ）

1975年福島県生まれ。東北福祉大学卒業。現在、同図書館勤務。『東北福祉大学図書館所蔵和漢書目録』編纂担当。趣味は旅行とモダンバレエ。お気に入りはキズパワーパッドといらすとや。広報ワーキングで培った技は、ハレパネの扱いの上手いこと。図書館俳句部部長。

絵ほか　斉藤由理香（さいとう　ゆりか）

1976年宮城県仙台市生まれ。東北福祉大学卒業。宮城県美術館、東北大学附属図書館勤務を経て、現在は東北福祉大学図書館勤務。趣味は美術や音楽鑑賞。好きなアーティストはSarah Moon、downy。図書館業務で習得した技は天印をきれいに押すこと。図書館写真部会計。

魔女《まじょ》っ子司書《こししょ》と図書館《としょかん》のたね

2018年3月3日　初版発行

著　者　八巻　千穂

絵ほか　斉藤　由理香

発行者　登坂　和雄
発行所　株式会社　郵研社
〒106-0041　東京都港区麻布台3-4-11
電話（03）3584-0878　FAX（03）3584-0797
ホームページ http://www.yukensha.co.jp

印　刷　モリモト印刷株式会社

ISBN978-4-907126-14 -8　C0095
2018　Printed in Japan